AF191511

BUJTOR DORINA

# VÁLASZÚT ELŐTT

novum pro

www.novumpublishing.hu

© 2022 novum publishing

ISBN 978-3-99107-914-9
Lektor: Jablonszki Laura
Borítókép:
Syda Productions | Dreamstime.com
Borító, tördelés & nyomda:
novum publishing
Illusztráció: Bujtor Dorina

A szerző által a kiadó rendelkezésére
bocsátott képek a legjobb minőségben
kerültek nyomtatásra.

**www.novumpublishing.hu**

**Kendőzetlen valóság**

*„Az igazság mindenkinek jár"*

# ELŐSZÓ

Köszönöm neked, hogy lehetőséget adsz arra, hogy lehetőséget adjak neked a változásra. Arra, hogy lásd: másképp is történhet, másképp is csinálhatod, másképp is gondolhatod és legfőképp másképp is megélheted a számodra talán tragikus érzelmekben dús és iszonyatosan kirekesztő időszakokat az életedben. Amelyek igazából értünk vannak és értünk történnek. Vannak időszakok, amikor felül kell kerekedj minden gátlásodon, komfortodon és sérelmeden. Előre!!!

Diktálja ezt az az apró, de mégis jelentős erővel bíró és érzelmekkel olykor túlcsorduló kis apróság a mellkasodban. Gondolj csak bele! Amikor talán minden hanyatlani látszik, akkor áll össze igazán a kép. Erős vagy, ki fogod bírni és célirányosan lépkedsz egyre feljebb, erős tudattal a képzeletbeli lépcsőfokaidon. „Sosem adom fel" a döntés a te kezedben van. A kérdés csak az, hogy hogyan dolgozol vele. Remélem, inspiráló lesz számodra ez a történet, amely igazából a tiéd is lehetne. Kellemes olvasást kívánok: hagyd, hogy a gondolatok szárnyakat növesszenek. Hidd el, mindenkinek van egy története. Lehet, hogy a tiéd nem éppen a legrosszabb sztori. Megoldás mindig van, csak kitartani kell megtanulni. Szürreális álmok, amelyek számodra elérhetetlennek tűnnek, pedig nem azok.

# I. FEJEZET

Hideg van, hangos a vekker: 6:17, ébrednem kellene már, de nincs kedvem: a nulladik órámnak már lőttek. Azt hiszem, ma nem megyek suliba. Kinyomom az ébresztőt, elfordulok a bal oldalamra, becsukom a szemem és sóhajtok egy nagyot. ÓÓÓ igen! Ez az a felettébb isteni, nyugalmas érzés, ami elönt, anynyira jó a tak... Kopp-kopp-kopp.

– Zoé! Ébren vagy drágám? Kelj fel kicsim indulnom kell dolgozni. Gyerünk, suliba kell menned.

– Rendben anya, megyek már!

Nos igen. Én vagyok Zoé, egy átlagos középiskolás lány átlagos problémákkal, átlagos családdal. Anyukám a *folyton-rád-töröm-az-ajtót-mindenhol* mottóval. Apu, aki folyton csak helyesel anyukámnak, de mindig odabújhatok hozzá. Van egy szuper bátyám, Zac, aki mindig beárul anyának, ha valami olyat tettem, amit igazából ő is; csak szerinte én nem csinálhatom. Valamint az egész család cukorfalatkája: ő az én kiskutyám, Zokni. Így élünk: egy pici család egy pici otthonban.

De vége a családi nosztalgiának, mert megint el fogok késni a suliból. Természetesen töri órám lesz, és a tanár már megint igazolatlant fog beírni, ha elkésem az óra első 2 percéről. Mégis mi baj lehet? Eszek egy jó szendvicset a büfében. Elsőéves vagyok, tehát amúgy sem ismerek túl sok mindenkit, ráadásul gólyaavató hét van. Természetesen a legészbontóbb srácok ott vannak az utolsó évfolyamban, és tőlük még azt sem venném zokon, ha még több fokhagymával etetnének meg. Nem mellesleg ezért sem akartam bejönni, hiszen tegnap egy gerezd fokhagymát erőltettek le a torkomon. Valóban nagyon vicces volt, csak az íze még mindig a számban van. Ezekkel a gondolatokkal kavarogva a fejemben tekerem a kis bringámat a suli felé menet a fagyos éjszakától csillámló köves úton. Igazság szerint akármennyire is próbálok óvatos lenni, a téli kerékpározásaim nagy része mindig egy hatalmas eséssel végződnek. Ideértem. Becsengettek. Elkéstem. Hát nincs mit tenni, talán ezúttal megesik a töri faktos tanárnak a szíve és beenged az órámra. Sietve veszem a lépteket a folyosón, upsz... vagyis venném, ha a folyosón nem az igazgató beszélgetne. Mielőtt észrevett volna, berontottam a folyosóról a mosdóba, a szívem a torkomban dobog. Jaj, most mi lesz? Biztos, hogy meglátott! És ha utánam jön, mi lesz? Oldalra fordítom a fejem és meglátom a tükörben magam. Ez borzalmas, mégis hogy festhetek ennyire rosszul?! Már az sem érdekel, hogy mit gondol a diri! Jézusom Zoé! A ködös időtől – azt hiszem – az összes szemceruza a szemem alá folyt. Most úgy nézek ki, mint egy pápaszemes bagoly, aki sosem alszik, a hajam hát mintha a '80-as évek dauer-csavaróival lett volna telerakva.

Ezt rendbe kell hoznom. Nyilván a töri órám ma is igazolatlan hiányzással zárul, de legalább ágról szakadt külsőmet egy kissé helyrepofozom

Máris jobb! Most már jöhet a szendvics. Gondosan elmajszolom a szendvicsem a büfé morzsás kis asztalánál, miközben kicsengetnek. A majonéz az arcomon arról árulkodik, hogy igazán jóllakam. Persze hogy nem gáz mindaddig a pillanatig, amíg az utamba nem kerül a kékeszöld szempár: nem szól, csak kedvesen néz rám.

Jesszus, elkaptam a tekintetem és sietősen felkaptam a hátizsákom, elszaladok az osztályom felé. Vajon ki lehet ő? Eddig sosem láttam. Tuti ő is felsőbb éves. Meg amúgyis: mit hiszek, egy ilyen kis szürke egér, mint én! Úgysem vett észre. Igazából biztos van barátnője.

Ahh, elkezdődött a biológia óránk és a fejemben csak ez a furcsa találkozás zakatol. Ki ő és a városban lakik egyáltalán? Na jó, engem abszolút nem érdekel az évelős növények szerkezete! Valaki elárulná, hogy a vendéglátáshoz ennek mégis mi köze van?

Igen... Bumm... Most már ezt is elárulhatom, hogy vendéglátást tanulok, bár sosem vonzott ez a szakirány és tartok is tőle. Biztosan meglesz ennek is a szépsége. Igazából kislányként mindig arról álmodoztam, hogy egyszer lesz egy csodaszép szalonom és mesterfodrász leszek. Már egész kicsiként sok elképzelésem volt az életemet illetően. Imádtam már kisiskolásként a barátnőim hajával bíbelődni: fonogatni, fésülgetni. Tudom, ebben a korban minden kislány ezt csinálja, de számomra ez más volt. Ebben tudtam elképzelni magam. Csak egyszerűen nem értem, hogyan sodródtam el egy teljesen azt abszolút nem megközelítő szakirányban. Életem első mérföldköve, a nagy kérdés. Mi leszek, ha nagy leszek? Ezért is jók igazán a gyermekévek! Imádtam azt a gondtalanságot: azt a problémamentes, kis életemet. Amikor a bátyámmal csak a házunk mögötti dombra jártunk el szánkózni, mennyit nevettünk és rengeteg csínyt megcsináltunk. Anyu és apu rengeteget dolgozott akkoriban. Sokat voltunk egyedül, vagy éppen az iskolai táborban. Voltak jó és rossz időszakok az életükben. De ennek már vége: itt vannak a nehéz középiskolás évek: nagyobb elvárások, és ha kezdeni szeretnék valamit az életemmel, ideje volna elkezdeni komolyan tanulni. Ugyanis nem az erősségem a tanulás. Telik az idő nap nap után. Van, ami mégsem változik.

# II. FEJEZET

Fáradtan hullok be az ágyba, mégsem tudok aludni: zakatolnak a gondolatok a fejemben – mégis mit akarok? Hoztam egy döntést. Az biztos, hogy nem akarok átlagosan élni és nem akarok nélkülözni. Látom, a szemem előtt van minden nap, hogy hogyan élünk. Sajnos nem azok a gyerekek vagyunk, akik megkapják a legdrágább cipőket és telefonokat. Anyuék fáradtan esnek haza és még fáradtabban mennek el dolgozni, így a szeretetre sok idő sajnos nem jutott. De nem szégyellem, viszont sajnálom azt, hogy most még nem változtathatok ezen: viszont mindenképp ez lebeg a szemem előtt.

Reggel ég a szemem: az ébredésnél álomba sírtam magam a tehetetlenség miatt. Segíteni akarok, de nem tudok. Most magamra kell összpontosítanom. Suliba be, suliból ki. Hála az égnek, jegyeimen látom a javulást, de édesanyámék arcán nem őszinte a ragyogás. Valami hiányzik: valami szikra, én ezt nem értem. Hiszen minden megtettem. Szép eredménnyel büszkén vittem haza a bizonyítványomat. Valami mégis üres odabenn, és csak kérdem magamtól: *mi lehet a gond*?! Én mindent megtettem és elértem, amit kitűztem: végtére jöhetnek megint a forró nyári napok.

Szünet. A kedvenc időtöltésem a strandolás, szénné égés a napon. Szebbnél szebb felsőtestek vizslatása, ahogyan a stégről a vízbe szaltóznak. Néhány napig még élvezem is a pihenést, de valamiféle kitöltetlen, megmagyarázhatatlan űrt érzek.

Tudom!!!! Már nem érzem hasznosnak magam! Kellene valami, amivel kicsit szabadabbnak érezhetem maga.

Gondolkozz Zoé, gondolkozz.

Megvan. Dolgozni akarok, hiszen minden középsulis nyomja a melót a nyári szünetben – kivéve persze, ha nem a strandon van. Azt hiszem, megpróbálkozom vele. Hát magamhoz vettem néhány újságot és böngészni kerestem görcsösen az álláslehetőségek tömkelege között. Nem túl kedvező a kínálat. De hát mit mondhatnék: azt hiszem, ez nem kívánságműsor. A helyi húsüzembe keresnek nyári munkára feldolgozót. Mi baj lehet, legalább beleláthatok ebbe is. Anyuéknak este elő is állok az ötlettel. Kopp-kopp. Anyu az. Kész a vacsoránk, leülünk enni és fúrja az oldalam a gondolat. Gyerünk, állj elő az ötleteddel: ne hezitálj tovább. Megszólalok:

– Anya, kérdezhetek valamit?

–Persze, kicsim!

– Mit gondolsz arról, ha a nyárra elmennék dolgozni? Legalább tudnék magamnak ruhákat venni és a tanszereimet is kifizethetném belőle! – könnybe lábadt szemmel néz rám.

– Kicsim, fiatal vagy még: élvezd a nyarat, de nemes gondolataid vannak... vacsorázz, mert elhűl.

– Nem akarok enni, dolgozni szeretnék! Nem akarom ezt tovább így megélni. Terveim vannak, álmaim. Attól, hogy dolgozom, miért ne szórakozhatnék úgy, mint a korombeli fiatalok?

– Rendben, kicsim... próbáld csak ki: nem egyszerű a kétkezi munka, majd meglátod.

Reggel az első utam oda vezet.

Szól az ébresztő. Izgatott vagyok: kipattanok az ágyból és hirtelen összekapom magam. Fáradtságnak semmi jele.

Kíváncsi vagyok.

Megérkezem a hatalmas gyár pakolójába. Mindenesetre a bringámat egy "Behajtani tilos!" táblához zárom. Mintha nem is én lennék, a biztonságiőr messziről sanda szemmel néz rám. Vajon ki lehet ez a kis szerencsecsomag? Finoman kopogok az iroda ajtaján. Egy kedves hang kiszól:

– Tessék!

Istenem, de izgulok! Remegő kézzel nyomom le a kilincset.

– Szép napot kívánok, állásinterjúra érkeztem! –Remeg a hangom. Ez minden volt, csak határozott nem.

– Fáradjon beljebb! Máris szólok Olivernek. Kis türelmet, legyen kedves!

Jézusom, minek jöttem én ide? Anyunak igaza volt! Túl komolytalan vagyok én még ehhez. Hát megérkezett, most már nem szaladhatok el végig kell csinálnom.

– Jó napot kívánok kedves! Oliver vagyok, kit tisztelhetek Önben, kisasszony?

– Szép napot! Zoé vagyok és a nyári munkára jelentkeznék.

Őszes haja az arcába lóg, szemüvege néha megcsillan az ablakon beszűrődő fénytől. Kézfogása erős és határozott. Az irodába lépve helyet kínál az asztalával szemben. Gyönyörű tölgyfából faragott különleges darab: sosem láttam még hozzá foghatót. Lazán a foteljába huppan velem szemben, flegmán kigombolja a zakója gombját és egyszerű könnyedséggel keresztbe teszi a lábát.

– Meséljen kedves! Mi szél fújta önt ide ilyen fiatalon?

– Dolgozni szeretnék. Tudja, a szüleim igen egyszerű. kis emberek és drágák a tanszereim, meg persze szeretnék ezt-azt megvenni magamnak.

– Nos értem, kedves... De tudja, ez nem egyszerű munka. Itt hideg van és nyers a hús, ilyen fiatal kis gönge virágszálak nem bírják az efféle megterhelést: sem fizikummal, sem gyomorral.

– Kérem Uram, csak hadd próbáljam meg!

– Nem biztathatom Önt, kisasszony: vannak más jelentkezők. Felállt! Megvetőnek tűnő tekintete hidegen nézett le rám.

– Köszönjük, hogy ide fáradt kisasszony. Viszontlátásra!

Elkeseredetten állok fel az asztaltól; engem itt nem vettek komolyan.

Elballagok az ajtó felé, de a vállam fölött visszafordulok és megköszönöm, hogy ez a nagyon gazdag, de mégis szegény ember szánt rám a drága idejéből néhány percet. Alázattal és emelt fővel elköszönök.

– Viszontlátásra, Oliver Úr! Köszönöm, hogy meghallgatott.

Könnybe lábadt szemmel érek haza, hát ez volna a valóvilág?! Magamba roskadva nézek ki a fejemből. Nem érdekel; ez csak egy a sok közül, keresek egy másikat.

Csörög a telefonom, biztosan anyu az: kíváncsi, hogy sikerült az állásinterjúm. Szaladok a szobába a telefonért: meglepetten látom, hogy egy számomra idegen telefonszám villog a kijelzőjén.

Ki lehet az?

Felvegyem – ne vegyem!? Na jó, nem cicózok!

–Halló!

–Kisasszony, maga az? Oliver vagyok. – Igen, én vagyok az!
–Kisasszony. Kissé goromba voltam Önnel: ha szeretne a cégünknél tevékenykedni a nyáron, holnap reggel 8:30-kor fáradjon be, legyen kedves az irodámba, és mindent pontosan megbeszélünk.
–Mit is mondhatnék. Köszönöm, ott leszek!
–Rendben, akkor holnap.
–Igen, holnap.
–Viszonthallásra.
–Szép estét, Oliver Úr!
Jesszus pepi, mi történt? Mitől változott meg a véleménye?! Mit gondolhat most?! Úristenkém, munkát kaptam, életem első munkája! Jajj, nagyon izgulok. Mi lesz, ha elrontom? Na jó, ezt most fejezd be, Zoé. Minden a legszuperebb lesz, végig fogod csinálni.

Lássuk csak: biztos nem lehet annyira nehéz, ez csak egy húsfeldolgozó. Igaza volt Olivernek, amikor azt mondta: ehhez gyomor kell. Hát igen, a reggelizések mostanság kimaradnak és ez a szag igazán gyomorforgató, de tudom, mi a célom és megmutatom anyunak, hogy sokkal több bennem a kurázsi, mint ahogyan azt hiszi. Sok és nehéz, de megéri. Igazából a nyár mindig olyan hamar eltelik. Pikk-pakk csak úgy röpködnek a hetek!

És egy napon a műszakvezetőnk, Robert odalépett hozzám:
– Zoé, te holnap egy másik részlegen leszel: szedd össze minden erőd és gusztusod, mert
holnap kemény nap vár rád.
–Oké, de mégis hol leszek?
–Holnap reggel jelentkezz be nálam és elvezetlek a holnapi munkarészlegedre.
– Rendben, úgy lesz... Köszönöm.
Jaj, mi lehet a baj? Biztosan valamit rosszul csináltam, azért kapok most másik munkakört. Lehet, csak megint túlizgulom a dolgot. Majd kiderül, de én már megint előre túráztatom magam.

14

Hosszú nap volt ez; épp ideje pihenni. Az otthon illata, anyukám rizses lecsója feledteti velem a nap borzalmait. A tökéletes fürdés után, ahogyan érzem, hogy lemosom magamról a nap koszos fáradalmait, egyre megkönnyebbültebb vagyok. A kedvenc sorozatom és a nap zárása képpen egy finom jégkrémet majszolok el. Nem tudom, ti hogy vagytok vele, de nekem mindig lecsöppen a pólómra.

Óvatosan kortyolom a kávém a konyhaasztalnál, lassacskán magamhoz térek. A melóhelyen már javában be vagyok öltözve...
Oké, akkor most felkutatom Robertet. Nagyon keresnem sem kellett, hisz velem szemben jött a folyosón:
– Szia, Zoé. Kicsit fáradtnak tűnsz.
– Jó reggelt! Igen, az is vagyok!
– Gyere velem.
Némán követem, egy sötét alagsorba megyünk, egyre csak erősödik az az elviselhetetlen szag, és megpillantom, hogy mi történik itt. Most már azt is tudom, mi az, amitől kihagyom a finomabbnál finomabb reggeliket, hát ez valóban gyomorforgató látvány.
Szegény élőlények egykoron vidáman csipegettek; most lábuknál fogva lógnak lefelé élettelenül, csőrükről lassan lecsöppen a vér, mely szaga még elborzasztóbb.
– Zoé. Állj be ide, kérlek. A feladatod a következő: szalagon sorban érkezik az áru. A te felelősséged, hogy minden egyes áruból kikerüljön az összes belső szerv. Menni fog?
Te jóságos isten! Mindjárt összeesek, hát ez undorító. Minden csupa vér és ürülék; belső szervek mindenütt.

– Persze, azt hiszem. Nem gond, ha véletlenül ide. – és már öklendeztem is.
– Oké, sok sikert! Nyugodj meg, csak ma kell itt lenned.
Huhh, már levert a víz, hogy még ebben a hátralévő időben itt kell maradnom, de szerencsére csak egy nap. Csak egy nap a rosszból és vége lesz.

Szünetre menet teljesen le vagyok fehéredve, nem is merek a ruhámra nézni. A szagomról nem is beszélve: azt hiszem, a zuhany alá belépve egy órán át suvickolom majd magam. Fujj.fujj...fujj... Remélem, ez a szag nem marad rajtam. Már csak az hiányozna. Csak ez jár a fejemben. Nincs már sok hátra: lassan megkapom életem első fizetését. Már csak néhány nap és vége, holnap pedig végre a megszokott kis részlegemen tengethetem el hátralévő munkásmivoltom legelső fázisát. Így végiggondolva ez elég merész kezdés volt első nyári munkának, de legalább megtudtam ezt is; milyen rossz és nehéz. Már középiskolásként a bőrömön tapasztalhattam azt, hogy tényleg sokkal jobb tanulni, és nem csak azért sulykolják szüleink és nagyszüleink ezt, hogy mondhassanak bármit, hanem azért, mert ez gyerekek kőkeményen a valóvilág. Utolsó óra, utolsó nap: dagad a mellkasom. végigcsináltam Igen, és nem kellett senki segítsége. Tudtam, hogy eljön ez a nap, és már azt is tudom, mire költöm el az összes pénzem. Juhú! Annyira vagánynak érzem magam! Azt kell, hogy mondjam: nem gondoltam volna, hogy végig tudom csinálni, de büszke vagyok magamra. Bizonyítottam magamnak és a családomnak is, hogy igenis komolyabb elvárásaim vannak magam feléelképzelésükkel ellentétben. A legfontosabb az, hogy nem hallgattam senkire, csak a kis belső hangra, ami azt diktálta: *van kitartás*. A munka gyümölcse pedig ezután érik majd be. Kíváncsivá és felemelővé tesz a gondolat, amikor egy olyan tárgyat vehetek birtokba, amelyről tudom, hogy minden fillérjét én kapartam össze.

Mondhatnám úgy is, hogy húst vagdostam érte, vagy éppen vérben ázva zsigereltem érte, de büszke vagyok. Mennyi korán kelés, alázat és csendben maradás. Mérhetetlen önbizalomdózis a lelkemnek és boldogság a szívemnek, hogy nem vallottam kudarcot. Néhány nap és újra találkozom az osztálytársaimmal. Kíváncsi leszek. Ők mivel töltötték el a nyarukat? Biztosan ők is dolgoztak. Jó lesz újra látni őket.

# III. FEJEZET

Készülődök: a hajam simítom a tükör előtt. Ana lassan érkezik: megbeszéltük, hogy együtt megyünk az évnyitónkra. Boldogan ugrunk egymás nyakába, végre újra láthatjuk egymást. Elrepül az idő, ahogy a forró vénasszonyok nyarában tekerjük a bringát a suli felé és közben a nyári kalandokon mélázunk. Megpillantjuk az osztályunk többi tagját is. Mintha többen lennénk, néhány ismeretlen arc. Egy mégis nagyon ismerős közülük! Igen, ő az a kékeszöld szempár kedves mosollyal az arcán, amikor meglátta a majonézzel kikent fejemet a büfében. Lazán felgyűrte az inge ujját. Hosszú sötétebb farmerban volt és egy fehér Dorko-t viselt. Jesszuska, mit kereshet ő itt?

– Ana, ki ez a magas, kedves arcú srác?

– Ő Mark, általánosban az osztálytársam volt.

– Na nee, ugye te most szórakozol velem?

– Tán csak nem tetszik neked Zoé?

– Hát... hát nem tudom, nagyon kedvesnek tűnik, de olyan elérhetetlen. Hazudnék, ha azt mondanám, hogy nem tetszik nekem.

– Gyere, bemutatlak neki!

– Nem-nem-nem, nem kell, isten ments! Elvégre ő az új fiú az osztályban. Majd ő odajön, ha szeretne. Van tartásom azért.

Természetesen hamar rajongói táborra tett szert: oda voltak érte a csajok, a srácokkal nagyon jól kijött, és én pff... Én ezt mind végignéztem az osztályterem leghátsó padjából. Sosem szólt hozzám, rám sem nézett, sőt szerintem észre sem vett. Azt hiszem, ezt erősen túlkombináltam már megint. Lassan szalagavató és nem tudom eldönteni, hogy akarok-e egyáltalán táncolni vagy sem, hiszen még párom sincs. A népszerű csajoknak már mind megvan a párjuk, szerintem én erről leteszek. Csengetés után tesi óra lesz, odaszólok Ananak, hogy átvonulunk-e együtt:

– Megyünk együtt tesire?

17

– Persze Zoé, akkor csengetés után átszaladunk.

Kicsengettek, magunkhoz vesszük a kis sátorfánk és megindulunk a sportcsarnokba. Félve ugyan, de felteszem a kérdést:

– Ana, neked már van párod a keringőre?

– Igen. Jack tegnap délután felkért.

– Te szerencsés vagy, nekem még mindig nincs párom. – Nem ragozom túl, feladom.

Lassan már megérkezik a tesi tanárnő, Susan egy fiatal hölggyel az oldalán, Tinaval. Bejelenti, hogy ma nem lesz tornaóra, mivel most kell leadni, ki kivel táncol a szalagavatón, illetve bemutatta nekünk Tinát, aki a koreográfiánkat fogja betanítani. De szuper! Újabb hidegzuhany! Akkor nekem most befellegzett. Mindenki hatalmas izgalommal áll sorba, hiszen ez eddigi életünk egyik legfontosabb napja, és erre mindig emlékezni fogunk. Elmélyedve a gondolataimba: mégis hogyan oldhatnám ezt meg? A vállamat finoman megfogja egy kéz:

– Hé Zoé, táncolnál velem?!

Teljes képzavar. Leblokkoltam. Most komolyan hozzám beszél?! Vigyorgok, mint egy vadalma, de szó nem jön ki a számon.

– Ööö... Úgysincs még párom, ööö persze.

Jesszus, megmenekültem. Mégis lett párom a szalagavatóra, és méghozzá nem is akár milyen! Már a gondolattól is szétolvadok. Hogy ő az én derekamat megfogja, na ne! Tuti bénázni fogok, tuti megtaposom a lábát. Na jó, már megint kezdem, ismét a túlkombinálás. Elgondolkodva vigyorgok, miközben Ana csak úgy odalibben mellém:

– Látom, egy szempillantásra lett partnered a tánchoz.

– Magam sem hiszem el, hogy egy ilyen jóképű sráccal ringhatok életem első és legmeghatározóbb estéjén.

A szívem a torkomban dobog, és a tánctanár felkiált:

– Álljanak össze a párok, ma megtanuljuk az alapokat!

Úristen, de finom az illata! Basszus, megfogta a derekam: kész, végem, remeg a lábam és nem merek a szemébe nézni, mégis felpillantok, hátha nem engem néz. De pontosan engem néz: mosolyog, ahogyan szokott. Úgy lekapnám. Megszólalnék, de annyira izzik köztünk a levegő, hogy szívem szerint már most leteperném. Hú, a fantáziám már dolgozik is.

Végtére is szaktársak vagyunk. Hozzá szólok, ez így nagyon kínos: csak erőlködünk itt. Legalább nevetnénk magunkon:

– Figyelj Mark! Én nem vagyok egy keringőzős, és másrészről nem is akartam táncolni, hiszen senki sem kért fel!

Meglepetten néz rám:

– Én senki vagyok? Most mégis velem táncolsz! Nem is vagy béna ahhoz képest, hogy nem vagy nagy keringős, én viszont azt érzem, hogy remegsz, mint egy nyárfalevél. Nyugalom! Megenni nem foglak azért.

Erősen elmosolyodtam:

– Hirtelen jött a felkérés: időm sem volt gondolkodni, csak sodródtam a lehetőséggel. És igazság szerint osztálytársak vagyunk, mégsem tudok rólad semmit.

– Oh... Ezen könnyedén változtathatunk.

Aznap a suli után hazafelé együtt sétáltunk: elmesélte, hogy emelt töris volt, csak sokat járt besegíteni a bátyja, James éttermébe. Így jónéhány tantárgyból megbuktatták, meg persze sok volt a hiányzása is, és így került át hozzánk. Mesélte, hogy ismeri Anat, hisz egy általánosba jártak. Iszonyú intelligens és érett gondolatokkal volt tele, szimpatikusnak éreztem. Lassacskán a házukhoz értünk, én pedig pattantam a bringámra, mivel a város szélén laktam. Nyilván nagyon élveztem a társaságát és pozitív volt a csalódásom.

– Nem jössz be egy teára? – és lassan közelíteni kezd felém.

–Most nem, köszönöm, de talán majd máskor. – Még mindig vigyorgok, mint a vadalma:

– Nagy kár! Pedig nagyon finom teát készítek!

– Igen!? Hát legközelebb nem hagyom ki! Ígérem!

# IV. FEJEZET

Nem tudom, mi ez az érzés: sosem éreztem hozzá foghatót. Észre sem veszem, mégis mosolyra húzódik a szám, ha csak eszembe jut. Este az ágyamban vissza-visszagondolok a beszélgetésünkre. Pittyen a telefonom. Mark üzenetet írt Messengeren.

„Jó éjt, táncoslábú nyárfalevél"

Basszus, most így fogja szívni a vérem! Erre rákontrázok. De szuper! Holnap kicsit dögösebbnek kell lennem, nincs mese. Mosolyogva alszom el. Reggel a kávém mellé dúdolva indul a napom, mintha valamiféle csoda történt volna velem az éjjel. Nem érzem az élet adta nehézségek súlyát. Anyunak persze fel is tűnik a dolog:

– Látom, ma nagyon jó a kedved, Zoé.

– Igen.

– Megtudhatom az okát?

– Igazság szerint lett egy táncpartnerem a keringőhöz és igencsak jóképű.

– Zoé, hát ez nagyon jó hír, végtére is ez a te napod lesz, ez a nap rólad szól. Csak vigyázz a középiskolás srácokkal. Tudod, hogy milyenek.

– Anya, ő nem olyan: ő más, mint a többi srác. Egyébként Marknak hívják.

– Na, majd megnézem én ezt a Mark fiút. Biztosan a szeme sem áll jól!

– Jaj, anya hagyj már... Majd mutatok róla néhány fotót, most viszont sietek, mert szokás szerint megint elkésem a suliból.

Tekerem a bringám, mint egy őrült. Nem akarok megint elkésni, mellesleg még reggelit is venni szeretnék. Szerencsés csengetés előtti célba érésem után a büfé felé veszem az irányt. Amíg a soromat kivárom, Ana odaszalad hozzám. A szülei nem lesznek otthon a hétvégén és áthívott, hogy csapjunk egy csajos estét. Simán benne vagyok a dologban: szeretem a csajos estéket. Csütörtök van és holnap matek témazáró lesz. Sosem voltam jó matekból: ezek a gyökvonás alatti szinusz egyenletek, hát falra mászok tőlük. Próbálok koncentrálni, de nem megy. Szerintem írok egy puskát, azzal mindent megoldok. A tanár úgysem nézi a szürke egérkét a sarokban.

Megint pittyen a telefonom. Mark az:
– Unatkozom, kis táncos lábú, nincs kedved sétálni egy jót?
– Basszus! Este 21:37 van, ilyenkor?!
– Nézz ki az ablakon, Zoé! Mit látsz?
– Havazik.
– Legjobb a levegő és a legbékésebb a hóesésben sétálni. Mit gondolsz?
Atyaég!!! Nem elég, hogy jóképű, izmos és érett a gondolkodása; még romantikus is. Hát ez a pasi egy főnyeremény! Jaj, majdnem kihagytam, hogy persze táncolni is jól tud.
– Hol szeretnél sétálni?
– Ahol te, Zoé.
– Rendben! Vegyünk egy forralt bort az éjjelnappaliban és sétáljunk ki a színházhoz.
A színház egy gyönyörű vízparti hely, ami fedetlen: tehát ott fogunk szétfagyni. De kíváncsi leszek, miért akar találkozni. Összeszedem magam és bringára pattanok, a kisboltnál találkozunk. Istenem! A szemközti postánál lezárom a kis vasparipám. Ő ott áll a bolt előtt, két pohár forró itallal a kezében.

Sietve szedem a lépteket felé. Hát hogyne, a padkánál majdnem orra buktam, de remélem, nem látta. Ez csak a szokásos Zoé-stílus.
– Szia.
– Szia Zoé. Mehetünk? Tessék, ez a tiéd, legalább melegen tart kissé.
– Persze. Köszönöm. Miért hívtál ide, Mark? Valami baj van?
– Igazság szerint nagyon jól éreztem magam veled a múltkor és senki sem szokott így meghallgatni engem.

21

– Ennek, látod, szívből örülök, viszont ezt nem értem: hogy nem hallgat meg senki? Hisz annyi barátod van!

– Tudod, Zoé, hatalmas tömegben is lehetsz magányos, ha különbözöl, vagy éppen másabb vagy, mint ők.

– Ebben teljesen igazad van. Látod, nekem ezért van csak egy barátnőm.

– Annak örülök a legjobban, hogy eljöttél, Zoé: hisz ez arról árulkodik, hogy nem hagylak hidegen. Vagy talán tévedek?

– Nem, nem tévedés: igencsak ritka az ilyen srác, mint te vagy, és úgy vélem, van valami a levegőben, ha mi ketten beszélgetünk. Erre szeretnék igazság szerint rájönni, hogy mi az, mert sosem volt még ez így... De inkább beszélgessünk valami másról.

A beszélgetés véget nem érővé nőtte ki magát. Már-már az ujjaimat sem érzem és a hóesés is kezd alábbhagyni. A zsebembe nyúlok, hogy a telefonomra pillantsak, mennyi az idő. Egek, már 02:54, azt hiszem, most sem alszom az éjjel túl sokat. Nagyon eltelt az idő. Rengeteget beszélgettünk és szerintem még fogunk is. De épp itt az ideje, hogy elbúcsúzzunk egymástól. Haza kell mennem. Teljesen átfagytam. Elköszönök tőle: jót beszélgettünk, ő mégis iszonyú szomorúnak tűnik. Talán egyszer megtudom az okát, de most haza kell érjek, mert lassan felkel a nap és matek témazáróm lesz. Lendületet veszek, de valami visszahúz. Elkapta a kezem és csak annyit szólt:

– Egy lopott csókra talán még jut idő!

A szemébe néztem, ami oly gyönyörűen csillogott, mint a legszebb csillag az égen. És én hagytam. A hideg szám a szájához ért. Annyira tökéletes volt, annyira mámorító, hogy megnémultam a csókjától. Bizsergett tőle minden porcikám! Remegő, fagyos kézzel próbálom a zárba erőlködni a kulcsot. Végre benn vagyok. Ahhh, az otthon melege, a puha ágyamon kívül más nem is kell.

# V. FEJEZET

Matekdolgozat ide vagy oda; akárhogyan is készülök rá, számomra ez mégis kínai. A lényeg, hogy este Ana-nal kiengedjük a hét fáradalmait és végre nyugodtan pletykálkodhatunk a hét eseményeiről. Suli után megejtünk egy laza bevásárlást az estére, és még haza szaladok a holmimért. Aztán indulhat végre a nyugis csajos–borozós–spagettibe és fagyiba fulladós–néha összeszontyolodós–többet ittam a borból a kelleténél–extra sírós hétvége. Reggel már összepakoltam mindent, csak be kell szaladnom érte. Anyu arcára nyomok egy puszit és már ott sem vagyok. Még jó, hogy Anacsak egy utcára lakik tőlem: – Halo, megjöttem!

– Szia csajszi, gyere nyugodtan, mindjárt jövök.

Lejön az emeletről és végre egymás nyakába ugrunk. Előkészülünk a főzőcskézéshez, a bor felnyitása elmaradhatatlan.

– Képzeld Zoé, nem fogod elhinni! Jack randira hívott és elmentem vele. Olyan furcsa volt ez az egész... Mindig is oda voltam érte.

– Na ne, ezt nem hiszem el. Mi ütött a pasikba? Akkor most figyelj Ana, én tegnap éjjel elmentem sétálni Markkal, és nagyon élveztem. Azt láttam rajta, hogy ő is így volt ezzel, végülis nemhiába hívott el. A beszélgetés végét egy csókkal zárta le.

– Ez kísérteties. Szerintem koccintsunk a pasikra. Vagy a hasonló sorsra.

Már-már üres a második borosüveg alja is. A mi kedvünk pedig egyre jobb és jobb. A gondolataink csak és kizárólag a két jóképű pasi körül forog. Az óra lassan éjfél felé jár, de a mi kedvünk nem lankad egy másodpercre sem, még csak péntek este van: majd holnap alhatunk sokáig. Ana telefonja megcsörren: Jack az, én nem tudtam, hogy ők már ennyire előrehaladtak; már számot is cseréltek.

– Szia, Jack! Mi újság?

- Szia.

Ana eközben kihangosítja a telefonját. Erősen a számra teszem a kezem: azt hiszem a bor a fejembe szállt és kissé hangosan kuncogok, de lassan nem bírom már tovább.

- Ana, tudom, hogy a hétvégén Zoéval ápoljátok a barátságot, de. – Vége, eddig bírtam: felnevettem...

- Hallom, már jó a hangulat.

- Mondd csak nyugodtan. Zoénak jó kedve van, én figyelek.

- Hát igazából én és Mrak ma együtt iszogatunk. Mit szólnátok hozzá, ha ma este veletek együtt unatkoznánk...?

Álljunk csak meg egy szóra! Mi az, hogy! Na ne, Jack és Mark egyfolytában infót cserél. Hát ez szuper, jól megszívtuk! Megdöbbenten nézünk egymásra, hogy akkor most mi legyen.

- Figyelj, Jack... Gyertek át, ha van kedvetek. Az viszont biztos, hogy nem mozdulunk ki ma.

- Rendben, mondd a címet. Fél óra és ott vagyunk, úgy jó lesz?

- Persze, gyertek.

Neeee. Világvége: a hajam a fejem tetején össze van állva, az arcomra rá van száradva az iszappakolás. Egymásra nézünk, mi ezt most nem gondoltuk komolyan! De már nagyon ciki lenne visszamondani, így elkezdünk szaladni, mint a mérgezett egerek a lakásban. Készülődjünk, de fél óra alatt! Jesszusom.

A hajam csupa víz, félig vagyok csak készen. A konyhában mintha bomba robbant volna. iszonyú. Próbálok képben lenni, de a bor teljesen átvette az irányítást! Anara nézek, de hát ott sincs másképp a dolog, teljes képcsúszás van nála is. Nincs mit tenni! Összenézünk és kijelenthetjük, hogy sikerült a pohár aljára néznünk. De igazság szerint pontosan ez is volt a cél. Egymásra nézünk, egyikünk botrányosabban néz ki, mint a másik. Hatalmas visításba kezdünk: nemcsak azért, mert mennyire bénák vagyunk, hanem mert a kedvenc számunk következett a rádióban: Ellie Goulding – Love me like you do. Eszeveszett módon elkezdünk üvölteni és a hajlakkot használom mikrofonnak. Ana

a hajkefét kapja fel, és őrült koncertbe kezdünk a szoba közepén. Amikor a refrén következne, csengetnek. Úristen, megérkeztek, itt vannak!!! Ana szalad a lépcsőn, hogy ajtót nyisson és mire kimondanám, hogy ne szaladj a lépcsőn addigra felkiált :
– Bakker, Zoé, elestem!
Természetesen mit csinál ilyenkor egy igazi barát? Hát persze, hogy kinevetem, nem is ő lenne.
– Szedd össze magad, Ana, én addig ajtót nyitok. Sziasztok fiúk, gyertek be.
– Szia Zoé! Mi volt ez a hatalmas puffanás?
– Ááá semmi, semmi csak Ana elnézte a lépcsőfokokat. tudjátok, mi jócskán jókedvre derültünk attól a két üveg igazán finom portugieser-től.

Ez idő alatt Ana összekapta magát. Üdvözölte a srácokat és folytattuk tovább az estét, ahol befejeztük: immáron már hangosabban szóló zenével. Mindenki párjára lelt az este folyamán. Meséltük egymásnak a cikibbnél cikisebb történeteket. Egy idő után Ana és Jack félrevonultak Ana szobájába, hát igen: Ana hátránya mindig az volt, hogy nem tudott nemet mondani az igazán jó pasikra.
Csak Mark és én. Ketten maradtunk: ott maradtam vele a hangos zenében a nappali félhomályában. Közelebb ült hozzám és én kissé idegenkedve vettem a közeledését, de az iszonytató bormennyiség és a francos tanninok, által kicsit könnyebben dobtam le a láncaim, valamint józan tudatomat erősen tompították. Nem voltam már görcsös, sőt igazság szerint elfogadtam a tényt, hogy talán ebből lesz valami. Sodródni kezdtem az árral.
*Miért is ne?* – gondoltam magamban. Kíváncsi voltam, ki fogja kibökni az első kezdeményező szót, mert kezd kínossá válni ez a csend:
– Zoé, tudom, hogy sokat ittam, de tudod, két ember mond igazat: a gyermek és a részeg. Felnevetek, milyen kis viccelődős még így illuminált állapotban is. Odavagyok érte: ez most már teljesen egyértelmű.

– Mondasz valamit! Igazad lehet. Viszont kérdeznék én valamit! Miért jöttél el és miért engem kértél fel táncolni?! Annyi lány odavan érted; szebbnél szebbek, te mégis az osztály szürke egerét választottad. De miért?

– Nézd, Zoé. Egy szó elég ahhoz, hogy elmondjak mindent. Megőrjítesz teljesen. Annyira más vagy, mint a többi, a szemedbe nézek és beszél. Attól függetlenül, hogy mondanál bármit is.

– Ezt mégis hogy érezheted így, ha nem is ismersz igazán?

– Zoé, eljöttél velem sétálni, meghallgattál, kíváncsi voltál rám, megnyíltál nekem és egy csodálatos lányt ismertem meg, aki teljesen más, mint a többi tucat lány. És még a csókod is édesebb, mint bármely méz amit valaha ettem! Nézz csak körül! Csak gondolj arra azokra a lányokra, akik körülöttem legyeskednek! Nem akarnak mást, csak egy morzsát abból, amiben én élek. Viszont te a lelkemre voltál kíváncsi.

– Le vagyok döbbenve, Mark, hogy te ezt így gondolod és érzed, én ez idő alatt azt hittem, észre sem vetted a létezésemet.

– De, nagyon is észrevettem. Hidd el, már az első pillanatban. A majonézes arcodat a büfé beugrójában. A szexin göndörödő kis fürtjeidet.

Ledöbbenve nézek magam elé, miközben ő csak szótlanul közelebb hajolt és megcsókolt. Igen, megcsókolt. Én hát visszacsókoltam. Már eléggé eltompulva ülök a kanapén a karjaiba omolva, tehetetlen vagyok és nem is akarok megmozdulni.

Annyira jó itt. Nem tudom elképzelni, hogy ez tényleg velem történik. Becsukom a szemem, és nem törődöm most semmivel Istenem, de jó az illata! Az erős karjaiban úgy érzem, semmi sem árthat nekem.

Elszendergek. Számomra a rövid pillanatoknak tűnő szendergés után borzalmas kolompoló hangra leszek figyelmes. Mark ébresztőórája adja ki ezt a borzalmasan kellemetlen hangot. Kinyitom a szemem: meglepetten veszem észre, hogy világos van. Ideje feltérképeznem a terepet. Mark engem átölelve hajtotta álomra a fejét a kanapén, el sem mozdult mellőlem. Feltápászkodok, de probléma van az egyensúlyozással, és egy erős fejfájást is megnyertem magamnak a tegnap este után. Azt hiszem, az az utolsó két pohár bor már nem kellett volna. Kész öngyilkosság. Felerőlködöm magam az emeletre, ahol Ana és Jack összebújva alszanak, hozzátenném a ruhák nem éppen rajtuk vannak. Valószínűleg Szahara-meleg (sic!) lehetett a takaró alatt. Bár nem számítottam más látványra. Azt hiszem, az a legjobb, ha elkezdem eltakarítani a romokat és főzök egy erős kávét. Ilyenkor mindig a nagyi mottója jut eszembe: „Az igaz szerelemnél semmi sem erősebb, csak egy jó erős kotyogós". Ettől várom én most az energiát és a megváltást. Nyugalom és síri csend jellemzi az egész ház hangulatát. De az illat, a friss kávé illata felébreszti még az alvó oroszlánt is. Mark az első, aki magához tér és másnaposságához képest próbálja tartani a kontrollt.

– Kérsz kávét?
– Igen. Lehetőleg egy vödörrel. – Elmosolyodom, és készítek neki egy jó nagy bögrével.
– Köszönöm. Igazán kedves vagy. Mit kell mondjak, nem a legkényelmesebb alvás volt ez a múlt éjjel. De megérte, mert már két csókot is bezsebeltem tőled!

Valaki letörölné végre ezt a fülig szerelmes vigyort a fejemről?
– Köszönök mindent, Zoé, de most mennem kell.
– Rendben. Kiengedlek. Örülök, hogy így alakult a tegnap este, az élet tartogat furcsa meglepetéseket.
– Szia.

Visszafordul és ad egy finom, gyengéd csókot az arcomra.
– Tudod, amit elmondtam tegnap este, az mind igaz volt az első szótól az utolsóig. Remélem emlékszel, Zoé. Most pedig menj, pihenj.
– Szia. Vigyázz magadra!

Hát végem van! Mire visszamegyek a lakásba, már Ana és Jack is felélénkülve nevet a konyhában. Micsoda csókcsatákat vívnak! Azt hiszem, kijelenthetem: elég sikeres esténk volt. Alig várom, hogy Jack is lelépjen és végre Anaval egymás nyakába ugorhassunk. Életem legjobb hétvégéje. Viszont az biztos, hogy kulisszatitokként kell kezeljük a dolgot. Megbeszéltük, hogy a suliban semmi jelét nem adjuk a dolgoknak – saját védelmünk szempontjából. De ebben a suliban semmi sem marad titok. Még a falnak is füle van. Bár a szürke egér is tud meglepetéseket okozni.

Már csak néhány hónap van vissza a ballagásig és nem érdekel már, hogy a többi üres lelkű – vagy éppen lehet, erősen fogalmazok – üres fejű kirakatbábu mit szól. A lényeg, hogy engem a lényem miatt szeret az, aki szeret és nem azért, mert egy órával hamarabb ébredek fel mellőle, hogy egy kis arc ragadjon a sminkemre: mondván: *nehogy meglásson smink nélkül, mert akkor összedől a világ.* Az ilyesfajta megnyilvánulásokról mindig is az volt a véleményem, hogy hazugság+ámítás=erős felszínesség. Ha valaki igazán szerelmes beléd és te is belé, minden jellegű hibájával együtt fogadod el és a legborzasztóbb állapotában is vonzónak találod, mert így alkottok igazán egy egészet. És mert ez árulkodik arról, hogy a lelkét szereted és nem a külsőségeket. Egyszóval minden nő a maga módján gyönyörű és elragadó, minden nőnek megvan a csábossága és az elragadó bája. Ebből sincs jobb vagy rosszabb, csupán mindenkinek más az ideálja és erőssége. Vállaljuk önmagunkat, mert nők vagyunk, mert csodák vagyunk egytől egyig ezen a földön. Viszont ahhoz, hogy igazán ragyogni tudjunk, mint egy csodaszép ékkő, ahhoz kell a megfelelő partner, a férfi, a karizmatika, az elragadó tesztoszteron, amely feljebb és feljebb repít, hogy kiteljesedhessünk és kinyílhassunk, mint egy csodálatos virág.

# VI. FEJEZET

Felvállaltuk!... Jöttek a jókívánságok és persze rosszak is. Társult hozzá a képmutatás és az irigység minden formája. De minket nem érdekelt, nagyon jó párosként működtünk együtt és rengeteg elismerést kaptunk, egymáshoz komolyodtunk, egymást emeltük az eltelt évek alatt. Voltak időszakok, amikor éppenhogy pár fillérrel a zsebünkben éltünk, de annyira igazi volt és annyira boldogok voltunk. Sok-sok együtt megélt élmény, a megkezdett munkáséletünk, a jövőnk alapjainak lefektetése. Eleinte még volt is erőnk a kapcsolathoz; volt erő és érzelem ahhoz, hogy a lángot, amely közöttünk lassacskán már csak pislákolt, életben tartsuk. Ő a férfi és én a laikus nő; neki kitűnő érzéke van a pénzügyekhez: azt hiszem, ez a vérében van. Építettük a karrierünk, a közös életünk, és egyszercsak jött a fájdalmas felismerés. A sűrű hétköznapok vihara elsodort minket egymástól. Nem volt időnk egymásra, alig volt talán. Már nem is beszélgettünk. Hová lett a romantika? Hol az a férfi, akibe beleszerettem, hová lett a roppant figyelmessége, hová lett a törődés? Nem minden arany, ami fénylik. Az anyagi hátterünk kezdett tökéletessé válni, viszont a kapcsolat látszattá vált, és a cukormázat lemosta a savas, keserű, fájdalmas eső. Elképzeltem, hogy közös döntéseket hozunk meg és együtt haladunk az úton, de felébredtem és rájöttem: ez nem az én utam, ez az ő elképzelése volt, az ő álmai voltak. Éppen amikor én következhettem volna, már elfogytak a szavak és valósággal az érzelmek is. Már nem remeg meg a bokám egy csókjától, sőt inkább elfordítom a fejem. Már nem vágyom testére, inkább külön alszom tőle. Azt hiszem, ezt nem hagyhatom annyiban, hisz annyi éve már, hogy együtt haladunk: együtt nőttünk fel és vágtunk bele a nagybetűs életbe, mondhatni *életünkbe*. Vannak álmaim, vágyaim: itt az én időm.

Munkából hazaérve látom, a kanapén tespedve néz maga elé, a mosogató dugig mosatlannal, a szennyesek szerte a lakásban, a szemetes tele és a hűtő is üres. Végül is ez csak a szokásos. Mintha csak az apósjelöltemet látnám. Elegem van abból, hogy rám szakad minden. Elegem lett a lézengéséből és a lakásban talált idegen női fehérneműkből, amelyekről soha nem derült ki semmi, és állítása szerint én vagyok a betegelméjű. Hát végülis én sokat dolgoztam és energiám nem nagyon volt még őt is kényeztetni. Bár arra sem tudok rájönni, hogyan lehet ennyire aljas, hogy amíg én a közös jövőnkért küzdök nap mint nap, ez idő alatt ő ki tudja, kikkel hetyeg és miféle idegen lányokat csábít be a közös ágyunkba.

A kérdésem feltettem neki: igaz, rettegtem a reakciótól, de remegő hangon azért megkérdeztem. Amit a pasikról tudni kell: az pontosan az, hogy a száj hazudik: azt mondja, amit hallani akarsz, de a szemei és a testbeszéde elárulja. Pontosan ez történt az ő esetében is. Hatalmasra kerekedett szemekkel nézett rám, hogy mégis hogyan gondoltam én ezt, viszont a szeme és a remegő kezei elárulták. Látszott rajta, hogy hirtelenjében nem találja a helyét. Zaklatott lett, és kiabálni kezdett. Nyugtáztam ezt is magamban: biztosan túlreagálom.

Túl sok mindent viseltem el az eltöltött éveink alatt. *Most én jövök!* – üvölt belőlem az a benső hang – *ideje a színre lépni, kisanyám. A színpad most a tiéd!* Egyszerűen elvesztettem az önkontrollom és tele lett a pohár:

– Mark, kérlek, beszélnünk kell. – rontottam a nappaliba köszönés nélkül.

– Zaklatottnak tűnsz, Zoé. Baj van?

– Igen, baj van. Rengeteget gondolkodtam és arra a döntésre jutottam, hogy tovább szeretnék tanulni.

– Nem tartom jó ötletnek. Miért nem jó neked ott a szállodában? Hisz nagyon jól keresel és most akarunk közös házat venni!

– Nem Mark, nem érzem jól magam. Utálom ezt a szakmát és utálom azt a helyet, más a vágyam, az álmom. Most én következem: eddig te voltál porondon, most én jövök.

– Ezt nem hagyom, Zoé. Nem erről volt szó.

– De bizony hagyni fogod. Nem tartozom több magyarázattal. Beiratkozom egy esti tagozatos suliba és fodrász leszek.

Igen, igen, igen: egy szállodában dolgoztam és már elegem volt a sok bunkó vendégből, és abból, hogy nem tudtam előrébb lépni. Így aztán elhatároztam, hogy beiratkozom egy iskolába és elvégzem. Persze Mark nem tűrte jó szemmel, hogy nem azt teszem, amit ő mond. Kibújt a szög a zsákból. Uralkodó típus. Rájöttem arra, hogy a saját utamat kell járnom, és ha ebben valaki nem partner, azt engedni kell. Nem hagyhatom, hogy befolyásoljanak.

Ez vagyok én. Nyilván a hozzáállásom és az elhivatottság, ami efelé a cél felé hajtott, erős volt és hadd ne mondjam: sikerre vezető is. Mark ez idő alatt beletörődött abba, hogy eltántoríthatatlan vagyok. A kapcsolatunk már fényévekre sem volt ahhoz, mintamennyire szerettük egymást egykoron. Már csak évente egyszer jutott időnk egymásra, már a névnapom is elfelejti; a nők napjáról nem is beszélve. Huszonéves koromra egy savanyú, szeretetlen töknek kellene lennem?

Terítek az étteremben és csak hullanak a könnyeim: hogyan juthattunk el idáig?

Már nem jó ez a kapcsolat, mire is várok még?

Nem hagyhatom el, mégis mit szólnának anyuék, meg amúgy is itt van minden a nyakunkon, ami közös. Nem tehetem meg ezt vele, biztosan ez csak egy mélypont. Egy nehéz időszak, aztán minden rendben lesz. Odaadtam az életem, minden pillanatom, lemondtam a barátaimmal való találkozásokról, csak hogy vele lehessek.

Mit értem el vele?

Semmit.

Egyedül maradtam a problémáimmal, mert már nem voltak barátaim. Nyugtázva magamban a dolgot elvettem az ördögi ötletet, és igazság szerint bátorságom sem lett volna hozzá. Először is hogy helyre rázódjak, kell egy barátnő, aki mindent tud rólam és bízhatok benne. Ana az évek alatt elkopott mellőlem: Jackkel vakvágányra futott a kapcsolatuk és Ana igencsak rossz helyen lelt vigaszra – apránként egy részét megölő tablettákhoz, tudatmódosítókhoz és holmi porokhoz folyamodott. Ezek a dolgok viszont egy idő után átvették az irányítást fölötte, és már nem az az Ana volt, aki az én barátnőm volt valaha. Isten bizony próbáltam segíteni neki de mindhiába már. Sajnos azóta sem hallottam felőle. De azt rebesgetik, már elköltözött az országból. Remélni tudom csak, hogy minden rendben van vele.

Mostanság a feszültségem levezetése érdekében eljárok a helyi konditerembe edzeni és futni, az legalább kikapcsol. Egyik délután, mikor edzeni készültem, a kondi öltözőjében egy lány a padon igencsak félve és a lehető leglassabban öltözött. Gondoltam, kicsit nyitok felé, úgyis olyan rég beszélgettem már valaki mással.

– Szia, Zoé vagyok. Nem láttalak még itt! Most kezdtél el ide járni?

– Szia, Inez vagyok. Igen, és őszintén fogalmam sincs, hol kezdjem, kicsit tartok a helyzettől.

– Jaj, ne félj, itt mindenki nagyon jófej. Szívesen segítek edzeni, ha szeretnéd.

– Tényleg? Hú, azt megköszönöm.

Az első közös edzésünk annyira jól telt, hogy már csak együtt jártunk edzeni és közben nagyon jó barátnők lettünk. Mivel olyan a családi háttere, mint nekem, így tudtam, hogy nehéz neki az életben való elindulás – főleg egyedül. Többször is mondogatta, hogy elmegy külföldre szerencsét próbálni, viszont a szerelme, David visszatartotta. Elmagyaráztam neki, hogy álljon a sarkára, hiszen egyetlen élete van, és ha David igazán szereti, akkor visszavárja majd. Inez úgy döntött, elmegy, és hátha szerencséje lesz. A munkában szerencséje volt, csak a szerelemben nem. Minden nap videochateltünk. Félt nagyon, idővel egyre furábbnak érezte Davidet. Nyugtattam őt, mondván, hogy az igaz szerelem erős. Pont én filozofáltam neki erről, akinek szintén elvérezni látszott a magánélete.

Mindig segíteni akartam őt. Mondta: ha hazajön, kell neki egy jó kis munkahely, így feldobtam a lehetőséget Marknak. Az egyik helyi étterem vezetésével foglalkozik és megkértem, hogy vegyék fel Inezt, ha hazajön. Mark – tekintettel rám – rábólintott a dologra. Ez egy szuper meglepetés lesz Ineznek, ha hazajön. De tudtam: most azt kell érezze, hogy valaki mellette áll. Én apránként építettem az új szakmám alapjait, és még egy kézápoló sulit is beiktattam, amivel már igencsak jól profitáltam. Kezdtem sínen lenni, de tényleg csak a teher, ami rám szakadt: egy új karrier beindítása egy állandó munkahely mellett, valamint egy háztartás és egy mondhatni nagy gyerek, aki már nem foglalkozik az érzéseiddel. Hűvös a kapcsolatunk és így telnek el az esti órák is. Szótlanul, a társas magányban.

Azon tűnődöm, neki hogy lehet ez így jó?!

Nem érzi, hogy semmi sincs rendben?!

Ilyennek kell lennie egy megállapodott jó kapcsolatnak?!

Boldogtalan lettem, reményvesztett és savanyú, eltűnt belőlem az életérzés, a céltudattal való felébredés. Eltűnt belőlem a boldogsággal teli energia. Akik ismernek, mind tudják, hogy folyton bennem van a megvalósítás, a tenni akarás vágya: soha nem mondtam azt, hogy valami lehetetlen. De most azzá váltam, a barátnőm, a családom, a kollégáim nem ismernek rám.

Zoé, ez nem te vagy, valahol az úton elvesztél. Vissza kell találnom magamhoz. Nem élhetek így tovább.

# VII. FEJEZET

Másnap végre volt egy szabadnapom, szalad a ház, hát mi mással is tölthetném az időm, mint takarítással. Zenét hallgatva porszívóztam, amikor észrevettem, hogy Mark éjjeli szekrényének ajtaja kissé nyitva van, kilógott belőle a töltőkábel és ettől nem lehetett becsukni. Leguggolva pillantottam be a szekrénybe, hogy rendet rakjak ott.

Nem kellett volna! Tényleg nem! Két nap múlva lesz a 6. évfordulónk és én találtam egy eljegyzési gyűrűt. Levegőt sem kaptam, azonnal a telefonomhoz rohantam és felhívtam Inezt. Muszáj beszélnünk: baj van, nagyon nagy! Remegtem és sírtam:

– Szia Zoé! Mi a baj, miért sírsz?

– Megtaláltam...

– Mit? Mit találtál meg?

– Megtaláltam az eljegyzési gyűrűt. Én nem akarom ezt, Inez.

– Nyugi, figyelj, tedd vissza szépen, és felejtsd el. Vagy tégy úgy, mintha nem tudnád.

– De én nem akarom, nem a-ka-rom, nem akarok hozzámenni!!!

– Figyelj, ti évek óta együtt vagytok, igent kell mondanod neki.

– Rendben. De ez nem helyes, én nem akarok hozzá menni.

– Ez csak átmeneti állapot: hidd el, minden rendben lesz köztetek.

– Könnyű ezt mondani, Inez, ez onnantól már más lesz.

– Nyugodj meg, Zoé. Most mennem kell. Még beszélünk.

Te jóságos isten, mit csináljak? Remegő kézzel visszateszem a gyűrűt a szekrénybe és tudomást sem véve róla teszem-veszem a dolgom. Este hazaér és csak könnyeden felvet egy kérdést:

– Zoé, nincs kedved holnap után este elmenni vacsizni valahová?

– Hát figyelj. Holnap és azután is legalább 20:00-ig dolgozom.

– Az nem baj, majd utána akkor elmegyünk.

– Jó, legyen, úgyis rég ettem már étteremben.

Az elkövetkezendő két napban a kínok kínját éltem át. Őrlődtem. Nem tudtam a munkámra fókuszálni, nem tudtam se enni, se aludni. Eljött az a kínosnak és annál még nehezebbnek tűnő nap. Örülnöm kellene, hisz ma van az évfordulónk. Elvégre 6 éve már, hogy akkor egymásba szerettünk. Annyira nehéz, persze amikor nem várod: nagyon-nagyon nem várod az estét, a pillanatot, amikor valami meghatározó dologra számítasz és döntést kell hozz, ami lehet, hogy onnantól, ahogyan döntöttél, az egész életedre hatással lehet. Rettegtem attól, hogy felteszi a kérdést. Rettegtem attól, hogy megbántom őt. Eljött a számomra horrorként megélendő este. Munka után pepecsen készülődöm, Mark még nem ért haza. A hálóba lépve látom a frissen vasalt fehér inget a szekrény ajtajára akasztva. Már akkor tudtam, hogy végem: Mark sosem szerette az ingeket.

Ma biztosan lépni fog.

Bepánikoltam. És nem bírtam tovább; a verandára mentem és meggyújtottam egy szál cigarettát. Hallottam, ahogy belépett a kapunkon egyenesen a házba sietett, gyors léptekkel az emeletre szaladt. Mire elnyomtam a cigaretta utolsó utáni kis parazsát is, addigra ő már indulásra készen áll. Szótlanul vettem a kabátom és elindultunk. Nem beszélgettünk, csak egymás kezét fogva némán ballagtunk. A hideg szél az arcomra fagyasztotta lassan kicsorduló könnyeim. Az étteremhez közeledve egyre nehezebbek lettek a lépések: tudtam, mire számítsak, nem akartam megbántani és legfőképp nem akartam az életem tönkretenni egy pillanat alatti döntéssel. Azt hiszem, kijelenthetem: ilyenkor válnak igazán súlyossá a szavak.

Megérkeztünk az általa kiválasztott asztalhoz. Udvariasan lesegítette a kabátom és kihúzta nekem a széket, ahogy annak idején tette. Hirtelen túl figyelmessé vált. Az asztalon egy csodálatos csokor vörös rózsa volt, amelyet nekem hozatott. Erősen merengve szuggeráltam a virágot. Mire felém nyúlt és megszólított:

- Tetszik, Zoé?
- Igen, gyönyörűszép! Köszönöm. - az asztalunkhoz jött a pincér.
- Mit kérsz, Zoé?
- Én erőssel indítanék, átfagytam picit az idefele vezető úton.
Kérnék egy erős konyakot felgőzölve. Lehetőleg ne aprózza el a centeket, legyen kedves. Köszönöm.

Mark nagy szemekkel nézett rám. Hát jó, legyen. Kikértem az este folyamán még két kör konyakot és elfogyasztottunk egy üveg bort is. Az ínycsiklandó tudatmódosító italoknak hála már nem érdekelt az este kimenetele, hisz örültem, hogy egyenesen tudok egyáltalán menni. Csúnyán berúgtam, ez tény. Hazafelé a színházon keresztül vezetett az út. Leslattyogtunk a színpadra, néztük a víz tükrét, amely kásásra fagyott és a holdfény gyönyörűen ragyogott rajta. Felig artikulálatlanul megszólaltam:
- Induljunk el haza, fáradt vagyok, hosszú napom volt.
És elindultam a lépcsők felé. Majd miután tettem néhány lépést, utánam szólt:
- Várj még!
Megfordultam, kérdően nézve rá, hogy mégis mi... Neee... Fél térdre ereszkedve nézett rám. Hullottak a könnyei. Szótlanul a számhoz kaptam, engem szíven szúrva ért a kérdés:
- Hozzám jönnél, Zoé? Leszel a feleségem? Kérlelően nézett rám, zokogva pillantott a szemeimbe.
- IGEN!! Hozzád megyek. - nyögtem ki halkan. Megkönnyebbülten húzta az ujjamra a gyűrűt, mintha ez a súly, ami az ő lelkét nyomta, most már az enyémet nyomná, de mégis mintha valamiféleképp egy erős jégpáncél tört volna meg. Átkarolt és így sétáltunk haza.
Hát ismét a tündérmeséből a szürke valóságba. Ez volt a szép része ennek az estének.
Hazaérve újra nem beszélgettünk, az ágyban távol feküdtünk egymástól, és egy ujjal sem ért már hozzám.
Lassan éjfélt ütött az óra és megkezdődött a közös életünk hetedik éve. A bizonyos hetedik év, melynek során számtalan

kapcsolat vakvágányra fut. De mi lehet az oka? Megszokás? El-kényelmesedés? Mégis micsoda?

Éjjel nem aludtam. Gondolkodtam, elszúrtam: meg kellett volna mondanom neki, mégis mire várok? Ez a helyzet csak súlyosabb lesz. A család, a barátok mind-mind örültek. De én egyre összeesettebb és terheltebb lettem. Már csont és bőr jellemzett, mikor Inez hazajött végre és az ölelésében megnyugvásra leltem valamelyest. Ő volt az, akiben maximálisan megbíztam. Ő az, akinek bármely bánatom elmondhattam. Erősen magához ölelt és könnyekbe fulladva suttogta a fülembe:

– Meg kell mondanod neki!

– Tudom, de még várok, hátha észbe kap.

– Veled minden rendben van?

– Igen, alig várom, hogy Daviddel újra lássuk egymást.

– Jó, hogy végre itt vagy nekem, Inez, hiányoztál!!

– Te is nekem. Nagyon! Nyugodj meg, ezen is túl leszünk. Minden rendben lesz.

Inezt másnap nem is kerestem: tudtam, hogy Davidnél alszik, lesz mit megbeszélniük. Elvégre nem látták egymást 5 hónapja. Biztosan egy latin szappanoperába illő, romantikus, csöpögős erotikával túlfűtött estéjük lesz. Blllllaaahh... hallani sem akarok a romantikáról, az erotika meg már 4 hónapja elkerül, lassan azt is elfelejtem, hogy is kell csinálni. Inkább teleírtam a naptáram vendégekkel. Estig dolgozni fogok, már nincs hangulatom hazamenni, nem beszélünk; ha beszélünk is, csak veszekszünk. Az meg egyáltalán nem hiányzik; már így is eléggé roncs vagyok. Megcsörren a telefonom. Inez hív, meglepődve veszem fel:

– Haló. – Zokogás hallatszik csak a telefonban. – Haló?!

– Zoé... Zoé én vagyok...

– Inez, te sírsz?! Mi történt?!

– Gyere értem! Gyere értem, kérlek. a sarki kisboltnál vagyok.

– Rendben, indulok. Maradj ott. Sietek. Megyek érted!

Gyorsan autóba pattantam és rohantam, fogalmam sem volt, mi történhetett vele, erősen cikáztak a gondolatok a fejemben.

Szerencsére nem volt tőlem annyira messze: néhány perc alatt odaértem. Ott állt kapucnival a fején, kipattantam a kocsiból és egyenesen felé szaladtam:

– Inez, mi történt? Mi van Daviddel??

– Kidobott...

– Tessék?

– Jól hallottad, kidobott, azt mondta: sajnálja, de neki az 5 hónap alatt megtetszett egy másik csaj, és eléggé össze is melegedtek. Hagyjuk is, nem akarok tovább erről beszélni. Eljössz velem hozzá?! Zoé, ott van nála egy nagy csomó cuccom.

– Persze, hogy el. Melletted a helyem, gyorsan szedjük öszsze a cuccaidat, aztán megrohamozunk egy boltot és veszünk néhány üveg bort. Oké?

– Oké! Benne vagyok. Ezek a pasik nem érdemelnek meg minket.

Tudtam, hogy Inez lelke most megszakadt, de minden sebet begyógyít az idő. Az elkövetkezendő napokban örültem, hogy végre együtt tengünk-lengünk: próbáltam minél jobb kedvre deríteni, és ez plusz indok volt, hogy végre ne legyek otthon. Inez anyukája külföldre ment dolgozni még évekkel ezelőtt, de engedélyt adott arra, hogy a lakását igénybe vegyük. Meglepő, hisz Inez és az édesanyja kapcsolta nem volt túl rózsás, mondhatni utálták egymást. Nagyon jól éreztük magunkat: rengeteget beszélgettünk, viháncoltunk, hülyéskedtünk. De volt egy nem is annyira rossz felvetése, és erősen elgondolkodtunk a dolgon. Költözzünk össze! Hú, na az lenne ám a mókás. És jó hatással lennénk egymásra, hisz átsegítjük egymást egy irtó nehéz időszakon.

A napok csak teltek és én úgy éreztem, már tényleg nem bírom tovább. Erőt vettem magamon és talán ez Inez augusztusi hullócsillaghoz hasonló kapcsolatának ereje, amely elindította nálam is a lavinát. Már bátor voltam és rájöttem arra, hogy sajnálatból nem maradhatok valakivel: attól én nem leszek boldog. Este a munkából hazaérve magamhoz vettem néhány ruhadarabot és a pipéréimet. Mark erélyesen szólt hozzám:

– Te hova mégy?

– Ineznél alszom ma este.

– Már jó néhány napja nála vagy, Mégis hogyan gondolod ezt? Itthon a helyed. nem pedig Ineznél.

– Ez már rég nem az otthonom, Mark. Én nagyon jól tudom, mit csinálok, te viszont igazán elgondolkodhatnál.

– Kedvesem. Azért igazán tudhatnád azt, hogy hol a helyed. Vállvetve két pakolászás között ránéztem. Megvetően nézett rám, mintha egy fadarab volnék.

– Nem vagyok a kutyád, Mark. Keress más palimadarat. A szemei szikrát szórtak. Megragadta a karom.

– Te tényleg ezt akarod???

– Engedj el. Nem mondom többször. Nem leszek már a házicseléded többé.

Nem engedett el. Nem bírtam már uralkodni magamon. Ami sok, az sok. Eljárt a kezem: olyan maflást kapott, hogy nem tudtam, melyikünk lepődött meg jobban. Több mint hat évig tűrtem azt, hogy ugráltatott, nem becsült meg, és aki „Nem becsüli meg a jót, majd szenved a rossztól".

Elviharzottam.

Otthagytam. És végre először éreztem magam egy kiegyensúlyozott, erős, határozott nőnek. Nagyon jó volt otthagyni, hadd főjön csak a levében. Egye csak meg, amit főzött.

Másnap reggel igencsak másnaposan ébredtünk fel. Eljött a nagy nap: elhatároztam, hogy új életet kezdek; ami volt, elmúlt, mindenből tanulni kell. Révbe értem, más élet kell nekem. Felhívtam Markot, hogy beszélnünk kell. Elmentem hozzá. Látta rajtam, hogy elhatározással jöttem, és legfőképp már becsengettem abba a házba, ahol egykoron még együtt laktunk. Így érezte, hogy valami nagy baj van. De nem gondolta azt, hogy ennyire nagy a baj.

– Szia, Mark.

– Szia.

– Figyelj, nem szeretném húzni már tovább ezt az egészet. Röviden-tömören a lényeg az, hogy én már nem szeretlek téged, nem tudom elképzelni az életem veled. Jó ember vagy, ezt tudom, de nem hozzám való: ebben már biztos vagyok. Teljesen elképedt azon, miket hordok neki össze. Azt hitte, viccelek. Pedig ennyire biztos még sosem voltam semmiben.

– Hát szerintem ezt végig kellene gondolnod, Zoé. Nélkülem úgysem mennél semmire.

– Nincs mit ezen végiggondolnom, számtalanszor végigzongoráztam már. Ne haragudj, de ennek itt és most lett vége. Úgy gondolom, hatalmas bátorság kellett ahhoz, hogy eléd álljak és elmondjam, mi van bennem ott legbelül. Hidd el, talpra fogok állni.

– Önző vagy, Zoé. Undorító vagy. Rád sem tudok nézni. Faképnél hagyod a vőlegényedet.

– Nem vagyok önző és legfőképp nem vagyok undorító. Ez így helyes: lehetőséget adok magunknak arra, hogy egyszer tényleg boldogok legyünk valaki mással. Önző akkor lennék, ha csak a pénz miatt –– maradnék veled. Mark, nem csaltalak meg, nem bántottalak, szeretettlenné és boldogtalanná váltam melletted. Elvesztegettél. A hibáid lásd be és okulj belőlük, mert így mindig egyedül fogsz maradni.

– Szedd össze a maradék holmid, Zoé, és takarodj. Többet nem akarok hallani felőled.

*Takarodj.*

– Látom nem megy, én szerettem volna ezt a hosszú időszakot méltóan lezárni, de neked ez nem megy: engem hibáztatsz mindenért, pedig egy kapcsolatban két ember van, nem pedig egy. Jól vésd az eszedbe, Mark: *vége van.* Sajnálom. Ez a kapcsolat teljesen halott.

Amíg a cuccaim kapkodtam magamhoz, addigra már a nappaliban az egész családjának kiselőadást tartott arról, hogy mennyire álszent kígyó vagyok. Ez az ember mocskos módon beszélt rólam: ebből is látszott mennyire szeretett ő engem. Pfff...

Semennyire. A gyűrű, az a semmitmondó drága és annál is fényesebben ragyogó gyűrű számára a biztonságot jelentette, nekem pedig láncokat, súlyos nehéz láncokat. Ezt az érzést, amelyet hónapokon át magamban cipeltem – a szűnni nem akaró fullasztó érzést, hogy a tehertől nem kapsz levegőt: ezt most a múlttal együtt hagyom itt. Itt hagyom neki: vigye csak ő tovább. A gond az, hogy soha nem fog megváltozni, mert szent meggyőződése az, hogy ő mindent jól csinált. Sosem hibázik. SOHA.

# VIII. FEJEZET

Nos, minden ott volt. Az autómban. Az egész életem befért egy csomagtartóba. Elindultam, megkönnyebbült voltam, de a gyász akkor is a lelkemben volt. Feltekertem a hangerőt és amíg Inez házához értem, üvöltve zokogtam az autóban. Soha nem sírtam úgy, kiengedtem a terhet, a feszültséget, a fájdalmat. Aznap igencsak összezuhantam, de nem fájt már, mert az idő múlásával elfogadtam a tényt, hogy ennek a kapcsolatnak befellegzett. Azért volt a sok sírás és görcsölés, feldolgoztam. Elfogadtam, és a döntés beért bennem. Jól cselekedtem. A napok teltek és a második döntésem is, amely meghatározó volt, végszót kapott bennem. Utáltam a munkahelyem, bátorságot gyűjtöttem és megírtam a felmondásom. A főnököm ordított velem, én hagytam: úgy voltam vele, tegye csak, már többé úgysem hallgatom. A lelkem ujjongott, nem bírtam megállni, a szám félmosolyra húzódott: mégis mi értelme van itt őrjöngnie? Attól én úgyis elmegyek. Jöhetnek a *már-nem-érdekel-semmi* felmondás utáni munkanapok. Nem erőltettem meg magam a következő napokban. Annyira jól éreztem magam, kezdett visszatérni belém a céltudatosság, a boldogság és a felüdülés.

Juhéjjj!!!!

Eljött a várva várt utolsó munkanap. Kicsattantam. Nem érdekelt semmi, a legcsinosabb munkaruhámat vettem aznap fel. Viszont a hajam az botrányos volt: nem volt már kedvem az este megmosni. Sebaj; a lófarok, copf mindent orvosolni tud. Amúgy is tikkasztó hőség volt. A medence melletti kis bárban készítettem a finomabbnál finomabb koktélokat: persze meg kellett ünnepeljem, hogy ez lesz az utolsó munkanapom, megittam ám én is egy-két kedvcsinálót. Eliszogattam a kis koktélom és a '80-as évek slágereire ringattam a csípőm sörcsapolás közben. A vendégek mosolyogtak, sajnálták, hogy többé nem én szolgáltatom majd a bárban a zenét.

Nem nagyon akart telni az idő. Kora délután beszaladtam a recepció melletti pultba, ittam egy jó kávét. Szemem nem pislogott, a szavam elakadt és levegőt sem vettem. Ledermedtem. Aztamindenségit neki. Hát helló! Az a sárm, az a kedvesség, játékosság, és a gyönyörű szemei. Szaladtam a recepcióra Dalmát kérdőre vonva. Hányas szobában szállnak meg, hogy hívják??? Belémcsapott a ménkő. Kész, végem. Megtudtam a nevét: szemügyre is vettem a közösségi oldalakon. Elraktároztam magamnak ezt az isten adta sármot. Vissza a bár felé: gyorsan vettem a lépteket, és a kávétól még jobb lett a kedvem. Hát mit ad isten: már a medencében volt, lubickolt a családjával. Egyszerre csak egy különös érzés fog el, felé pillantottam. Ő épp akkor emelkedett ki a vízből és pontosan engem figyelt. Teljesen tökéletesen egyszerre. Működött a telepátia, pedig aztán nem is ismertem. Egyenesen a pult felé indult, jó nagyot kortyoltam a whiskybe, kellett egy kis lazító. Nem tudtam hirtelen másra fókuszálni, csak rá, egyszerűen meg sem szólalt még és én máris éreztem valami egyszerűen elborzasztó és melengető tökéletes érzést. Hát fogjuk fel úgy, hogy ő csak egy vendég:

– Hello. Egy Long Island ice tea-koktélt kérnék.

– Rendben, máris készítem.

Miközben a shakerbe öntöttem a koktél alapjait, csak őt bámultam. Szó szerint bámultam. Odalépett egy vékonyka, kedves srác, George: ő ennek a félistennek a haverja lehet.

– Hé, Lucas. Mit iszol?

– Egy Long Islandot tesó! Te kérsz valamit?

– Aha, egy God Fathert légyszi. Köszi.

Eléggé betojin szóltam oda, rendben csinálom. Jó kedvük volt egész délután, én is kezdtem becsípni. Persze az alkohol egyszerre minden ajtót kinyit. Mi vesztenivalóm van, odamegyek bandázni, úgyis annyira unatkoztam.

– Hogyhogy itt vagytok, fiúk?

– Ah, Lucas apukája 50 éves lett, és gondoltuk, összekötjük egy laza hétvégével.

– Van itt valami szórakozóhely?

– Hát igazság szerint egy hely van, ahová menni tudtok, az pedig a *Sunset Disco*!

– És az jó hely?

– Igen, mi is sűrűn járunk oda!

– És te ott leszel este?

– Nem, én nem.

– Oké. akkor mi sem megyünk.

A srácok lassacskán szépen becsíptek. Miért is ne? Kellemes társaságban persze repül az idő. A vacsoraidő megkezdésekor már alig vártam, hogy vége legyen a napnak. Hihetetlen. Dalma belépett a konyhára és közölte velem, hogy a 10-es asztalhoz ki kell vinnem egy szülinapi tortát. Oké, legyen. Elindultam a tortával az étterembe és rajta a szépen égő 50-es gyertyával. Vigyorogtam, vigyorogtam és vigyorogtam. De csak addig, amíg meg nem pillantottam, hogy az Lucasék asztala. Basszus, nemár. Már megláttak: nem fordulhattam vissza. Ajjj istenem. Gondolatban rimánkodtam és azon agyaltam, miket gondolhatott most az a szép szemű srác. Pikk-pakk odaértem, letettem az édesapja elé a tortát. *„Boldog születésnapot kívánok"* és már iszkoltam is el az asztaltól. Főleg mikor észrevettem, hogy még kamerázzák is az eseményt. Öcsém, hát ilyen nincs, rajta leszek a családi videójukon is! Kész vicc. A vacsora idejére sikeresen megnyertem magamnak ezt az asztaltársaságot. És az este végén ami történt, az tök abszurd volt. A svédasztalnál pakolásztam a reggelihez és egyszerre csak odalépett hozzám a kis strandnacijában, vállára terítve a törölközővel. Teljes felbátorodással jött felém.

– Kedves, megtudhatnám a becses nevedet?

– Nézd meg a közösségi fiókod, én már bejelöltelek. – nevettem.

– Na neeeeeee.

– Na deeeee.

– Nincs kedved itt maradni munka után?

– Ma volt az utolsó munkanapom: örülök, hogy elmehetek innen, ne haragudj.

– Óh értem. Persze ez érthető, viszont én a kinti medencében leszek: ha gondolod, válthatnánk még pár szót.

– Rendben, még átgondolom.

És ezzel elindult az ajtó felé: annyira nevettek George-dzsal, hogy még egy vízipipát is ripityára törtek a bár előtt. *Na, de jó* – gondoltam magamban: már csak ez hiányzott nekem. Gyorsan összesöpörtük a szilánkokat és már repültem is zuhanyozni. Az egyik kedvenc nyári ruhám volt rajtam a frissítő zuhanyzás után. Egy fehér alapon fekete csíkos kis csőruha, igencsak kiemelte a domborulataimat. Odamenjek, vagy ne? Na jó, odamegyek. Magamhoz vettem egy jégkrémet, jelezve azt, hogy annyi időt áldozok a dologra, ameddig ezt a finomságot be nem falom pálcikástól. A medencében gubbasztott és erősen mosolyra húzódott a szája, amikor meglátta, hogy érkezem.

– Hát, kedves Lucas, remélem jó érzitek magatokat a szállodában, és mindennel elégedettek
vagytok.

– Igen! Köszönjük szépen. – erős témaváltás következett:

– Hogyan találtál meg a közösségi oldalon?

– OH, secperc alatt kiderítettem.

– Hihetetlen vagy! – csapott a víz felszínére viccesen. Én is csak mosolyogtam, igazság szerint nem volt egy tartalmas beszélgetés, viszont az elköszönés annál inkább az volt.

– További szép estét kívánok neked, Lucas! Érezd nagyon jól magad.

– Várj már egy picit. Azért én adni szeretnék két puszit, ha már többet úgysem találkozunk.

– Rendben. Hát legyen. Egye fene.

Kilépett a medencéből és két vizes cuppanóst nyomott az arcomra. Hazafelé egész úton pittyegett a telefonom: Lucas egyfolytában írt, arra kért, forduljak vissza. Ez olyan furcsa, hisz nem is ismer. Hagytam egy picit, meglátjuk, mennyire kitartó ez a macsó fiú. Másnap is egész nap leveleztünk és arra jutottunk: találkoznunk kell. Egy vasárnap esti randit beszéltünk meg. Teljesen zavarban voltam, de elhatároztam, hogy teljes mértékben önmagamat adom. Nem sminkeltem ki magam, a hajam csuromvíz volt és egy egyszerű farmerban és topban indultam útnak. A sors nagyon érdekes: a nagymamája a hozzánk közeli kis faluban lakott, és ott várt rám. Megérkeztem, ahogyan mindig is mindenhová szoktam: üvöltött az autóban a zene.

– Szia, Zoé.

– Szia.

– Gyere be, bemutatlak a nagyinak.

Beléptem a házba és egyszerűen mintha hazaértem volna, egy percig nem volt bennem idegenkedő érzés. Egyszerre csodálatos és furcsa volt, mintha már ezer éve oda jártam volna. Beköszöntem, ahogy az ajtón beléptem, szokásomhoz híven vagányul és cserfesen.

– Csók nagyika!

– Hát szervusz, galambom! Megérkeztél hát.

Istenem, de tünemény ez a nagyi! Erősen magához ölelt, mintha csak az unokája lettem volna. Istenem, de felemelő érzés volt szeretve lenni. Most már ismertem a nagyit, nincs veszély, jöhet a randi: nagyon kíváncsi voltam. Lucas egy közeli helyre vitt el, egy igazi kis eldugott erdős kis kirándulóhelyre. Nem volt hosszú az út, csupán néhány perc, és annyira élveztem azt, hogy önmagam lehetek. Az autóban feltekert hangerő mellett énekeltünk egy nagyon-nagyon régi dalt, amit a mostani fiatalok nem is ismernek, de ő, ő imádta. Megérkezve a csodálatos helyre úgy döntöttünk, fagylaltozunk egy jót. A fagyinyalás és beszélgetés között leszakadt az ég, mi pedig bőrig áztunk. Még jó, hogy nem bíbelődtem a hajam megszárításával, hisz úgyis felesleges lett volna. A fagyit én rendületlenül próbáltam eltüntetni, de az esőben szépen szétázott az egész. Na mindegy, hagyjuk is, oltári gáz volt. Persze a csodálatos nyári zápor után előtűntek a szúnyogok. Még több szúnyog, és még több szúnyog. Apró kis vérszívók. Előlük a közeli kilátó tetejére menekültünk, mondhatni sikerült is. Itt kicsit komolyabbra fordult a beszélgetés. Egy pillanat, ami elragadt bennünket, egy erős összenézés; majdnemhogy a tökéletes csókjelenet. de arra a bűvös csókra még várni kellett.

– Mesélj, Lucas! Mit érdemes még tudni rólad?

– Igazság szerint nemrég lett vége egy hosszú kapcsolatomnak.

– Oh, nagyon sajnálom, de egy cipőben járunk. Tudod, a mai világban nagyon nehéz megtalálni azt, akit tényleg neked szánt a sors.

– Ez így van, Zoé. De nagyon örülök, hogy megismertelek.

A beszélgetésünk során számtalan dolog kiderült rólunk. Igazából a mozdulataink, a beszédünk, a szóhasználatunk, a gondolataink teljesen ugyan azok. Mintha ikrek volnánk. Még a McDonald's burgerét is ugyanúgy szerettük és ugyanazt az üdítőt is ittuk hozzá. Teljesen kísértetiees volt az egész, rémisztően jó. Rengeteget nevettünk és nagyon jól éreztük magunkat a másikkal. Mintha már évtizedek kötöttek volna össze minket. Ilyen létezik? Ráadásul rengeteg olyan fesztiválon fordultunk meg egyszerre és számtalanszor mentünk el egymás mellett. Ilyen a földön nincs szerintem. Vagy nem tudom. Visszaérve a nagyihoz feltette a kérdést, hogy nincs-e kedvem maradni. Egye fene, nézzünk meg egy jó filmet! Persze neki is a horror volt a mániája és érdekes módon ugyanaz a film a nagy No.1 neki is, mint nekem. Akkor már meg is volt, mit nézünk. A kanapéra heveredve néztem a filmet, miközben totál zavarban voltam, mert Lucas nem a filmet nézte, hanem engem. Kezdett iszonyúan zavaró lenni, de jó értelemben. Már-már levegőt is alig mertem venni.

– Zoé, nem dőlünk hátra? Talán úgy kényelmesebb.

– De, igen. Szerintem is. – Idegenkedve ültem a kanapén, mire ő elő veszi azt az édes nézést.

– Van kedved idebújni?

– Naná! – Juhú ezazzz, de régen érzetem így. Átkarol, és én odakucorodtam hozzá.

– Zoé, mit szólnál hozzá...

Felpillantottam, és megtört a varázs. Csókolóztunk. És nagyon-nagyon jó volt. Olyan igazi,forró, érzéki. Mintha ezer éve erre a csókra éhezett volna a szám. Annyira finom, gyengéd, felejthetetlen. Mint két kis puzzle-darab darab, amelyek tökéletesen egymáshoz illenek. Finom volt a csókja. Hosszas ideig csókolt, mintha csak hiányoztam volna neki.

– Nincs kedved az emeletre menni, Zoé?

– De igen. Menjünk.

Már semmi nem érdekelt. Hónapok óta nem voltam férfival, legalább most lesz egy jó estém. Az emeletre érve egy pólót kértem tőle amiben alhatok, mivel nem arra számítottam, hogy ez az este így fog alakulni. Úriember volt. Kiment a szobából, amíg átöltöztem. Öszszebújtunk. De tudtuk,hogy itt nem csak ennyi lesz. Vágytunk egymásra iszonytató módon. Csók csókot, érintés érintést követett és minden, amit valaha gondoltam, hogy jó, a közelében nem volt ennek az érzésnek. A testünk úgy olvadt eggyé, mintha mindig is összetartozott volna. Nem kellettek szavak, nem kellett irányítás, egyszerre tökéletesen működtünk. A kémia erős volt, iszonytatóan erős. Két idegen voltunk és mégis tökéletesen eggyé váltunk. Szavak nélkül megértettük egymást.

Felejthetetlen éjjel volt. És nem akartuk, hogy véget érjen. Egész éjjel szorosan ölelt magához, és reggel finom csókra ébredtem. Ez biztosan egy álom.

# IX. FEJEZET

Reggel egy finom tea mellett a nagyi arcán egy kedves mosoly volt.

– Tudod, galambom, én nagyon drukkoltam ám, hogy a kis szandid még a bejárati ajtónál legyen. Örömmel töltött el, hogy láttam: nem mentél haza.

– Tudod, nagyi, ez így alakult.

Összenevettünk. Lucas is csatlakozott a reggeli teázáshoz. Megjegyezte, hogy milyen jó a hangulat.

– Nincs kedved ma strandra menni, Zoé?

– Ez egy jó ötlet, elmehetünk.

A strandolás nagyon jó volt, élveztem a helyzetet, rengeteget beszélgettünk és tényleg olyan volt mintha már évek óta ismernénk egymást. De őszintén szólva nem fűztem nagy reményeket a dologhoz, hiszen Lucas élsportol és én mindig próbáltam távol tartani magam az effajta hírnevű férfiaktól, hisz tudjuk, hogy nem tudnak hűségesek maradni. Viszont nem élhet az ember a félelmei által alkotott világban: vannak határaink, melyeket olykor érdemes átlépni.

Lehet, hogy megéri, de lehet, hogy nem. Végtére is akkor itt a tapasztalat, amit nyerünk. Ez semmiképp nem vesz el belőlünk, csak formál azzá, akik vagyunk, leszünk. Azt még hozzá kell tennem, hogy a negatív élményeinket ki kell zárnunk az életünkből, és nem szabad azok árnyékában megragadnunk!

Teltek a hetek és mi egyre sűrűbben találkozgattunk. Jó volt vele, de még mindig nem adtam semmire sem a fejem: messze lakik tőlem, ki tudja, mit csinál?! Nem volt nekem való ez az egész, főleg hogy idekötött a munkám. Ahogy az idő telt, én szert tettem egy saját szépségszalonra, melynek minden négyzetméterét saját kezűleg újítottam fel. Megtanultam festeni, tapétázni, csempézni és burkolni. Ebből is vigaszt nyújtanék azoknak a hölgyeknek, nőknek, anyáknak, hogy igenis a sarkunkra tudunk állni, és a női teherbírás eszméletlen. Az az erő, ami egy nőben van, ha a túlélés a lényeg, felülmúlhatatlan! És hölgyeim: aki a sarkára áll, büszkén húzza ki magát, hogy nincs szüksége egy mérgező férfira, aki csak ellehetetleníti!

Annyira az enyémnek éreztem. A nyitás napján csak ültem a lépcsőn és néztem, ahogy az álmom egyszerre csak valósággá vált. Magamnak, a hitemnek és reményeimnek köszönhettem. Nem adtam fel. Egyre jobban és jobban éreztem magam Lucas társaságában. Azt éreztem, a lelkem a helyére kerül! Az elkövetkezendő hétvégén ellátogattam hozzá. Elvitt vacsorázni a névnapom alkalmából. Annyira romantikus volt az egész.n

Úgy éreztem, most tényleg rendben van az életem. Inez is mellettem volt: egy csodálatos barát, akinél jobbat sosem kívánhatnék, a munkám pedig amit mindig is megálmodtam magamnak. Minden klappolt. Elengedtem magam, egy romantikus vacsora és egy szívet melengető kéz a kézben séta után hazaérve persze ismét az ágyban végződött a csodálatos nap lezárása képpen. Csók csókot követett, érintés érintésre válaszolt. Fergeteges vágy vett az uralma alá engem és őt. Soha egy férfinak nem adtam át magam ennyire mélyen és átérzően. Végre vele önmagam lehettem. Nem kell a szó: tudta, mire vágytam és én is tudom, neki mi volt az, ami igazán jó! A gyomromban játszi könnyedséggel repdeső pillangók azt súgták nekem, hogy ő az igazi, csak megint ott van az a francos félelem. Vártam, megvártam, hogy ő mikor mondja majd nekem, hogy úgy gondolja, ahogyan én. Meztelenül feküdtünk: test a testhez simult. A hátamon végigfutott egy érintés, melytől a kislábujjamig libabőrös lettem. Annyira jó volt vele. Simogatott és nagyot sóhajtott.

– Tudod, Zoé, már jó ideje ismerjük egymást, és sokat gondolkodtam.

– Igen. Min gondolkodtál?

– Sosem éreztem így egy barátnőmmel sem: ha belegondolok, hogy holnap hazamést rettentő rosszul érzem magam. Úgy gondolom, hogy ez már nem szeretet, hanem szerelem.

Ledöbbenve feküdtem mellette, és kikerekedett a szemem, pislogtam és erősen a plafont bámultam.

– Oh, nem gondoltam azt, hogy ennyire erős érzelmeket táplálsz irántam, Lucas, de ennek szívből örülök. Én is pontosan ezt érzem. Ha szeretnéd, folytathatjuk a dolgot.

Édesen magához húzott és erősen átölelt, így aludtunk el.

Másnap reggel furán viselkedett, szótlanul nézett maga elé. Inkább nem kérdeztem semmit. Elbúcsúztunk egymástól és eljöttem. Rengeteget beszélgettünk és Inez is látta rajtam, hogy ragyogok. Úgy vélte, jó hatással van rám Lucas. Egyre több és több lett a közösen megélt élmény, és kezdtem nagyon megszeretni Lucast. Elgondolkodtam rajta: épp itt az ideje annak, hogy beadjam a derekam. Most ő látogatott meg engem. Szuperül telt a hétvégénk. Egy nap a nagy bevásárlóközpont felső teraszán kávéztunk, gyengéden az arcomat végigsimogatta és megcsókolt.

– Zoé.

– Igen?

– Tudod, hogy mit gondolok kettőnkről, és úgy érzem a múltkori után, hogy ez már sokkal több mint barátság egy kis extrával. Beléd szerettem.

– Ezzel én is így vagyok, Lucas.

– Zoé, nem akarok nélküled lefeküdni, nem akarok nélküled felébredni. Veled akarom tölteni

minden napomat, pillanatomat. Ezért inkább bátor leszek és megkérdezlek. Lennél a barátnőm?

Majdnem kiköptem a kávét. Hogy tessék? Mégis miféle kérdés ez?

– Igen, igen, igen, igen, igen... leszek a barátnőd.

Nos, a bevásárlóközpont tetőteraszáról már egy párt alkotva jöttünk le. Nagyon boldogok voltunk, és irtóan odavoltunk egymásért. Boldogan teltek a hetek és hónapok. Elmentem hozzá, hogy meglepjem egy kora délután. Bár nem tudom, jó ötlet volt-e. Edzésre készült, egy forró csókkal búcsúzott tőlem és én boldogan vártam őt haza. A nappalijában a kanapén elterülve néztem a kedvenc sorozatom a táblagépén. Odalépett hozzám és egy csókot nyomott a homlokomra.

– Most el kell mennem edzeni, nemsokára jövök.

– Rendicsek addig én lustálkodom.

Egyedül maradtam. Néztem a sorozatom, mint egy jó kislány, és közben megállás nélkül jöttek az üzenetek egy bizonyos *Kate* nevű lánytól. Már annyi üzenet érkezett, hogy nem bírtam tovább, megnéztem. Hölgyeim: a kisördög sosem alszik. Erősen pofon vágott a felismerés, ahogy olvastam, hogy mennyi üzenetváltás történt. Kate a régi barátnője volt, akiről kiderült, hogy már Lucas baratnője voltam, amikor Lucas és Kate még viszonyt folytatott. EZ nem minden, de már ettől is padlóra kerültem. Felfogni nem tudtam, mi történt akkor. További 8 lánnyal folytatott le pikáns üzenetváltásokat. Na kész!!! Hívtam Inezt: mit tegyek most? A telefont tárcsázni alig tudtam, annyira remegtem.

– Zoé, most azonnal fogd a cuccod és gyere haza. Ez az ember nem érdemel meg téged.

Fogalma sincs arról, mekkora kincs vagy, és hogy mennyi áldozatot hoztál meg érte.

– Remegek, Inez. Indulok. Elmegyek a csarnokhoz, visszaadom a lakása kulcsait és indulok is haza.

Sokkolva indultam el, teljesen ki voltam borulva. A csarnokhoz érve alig vártam, hogy kijöjjön és kioszthassam. Gondolkodtam, mit is mondjak. De annyi érzés kavargott bennem. Csalódott voltam. Nagyon fájt. Rettentő módon fájt. Ránézek is sajnálom azt, hogy hogyan tudtam valakit ennyire félreismerni? Miért hagytam,hogy megint elvarázsoljon egy olyan férfi, aki egy percig sem törődik az érzéseimmel? Játszik velem? Kihasznál? Mire jó ez neki?

Nos, hölgyeim: a férfiak élete a folytonos visszaigazolásokból áll: azokból, hogy valóban jól néznek-e ki, valóban elég karizmatikusak-e, valóban jók-e az ágyban. De erre az a válaszom, hogy ezt egy igazi férfi egy igazi nőtől kérdezze meg, és ne holmi tinilányokban keresse erre a választ. Aprócska kitérőm után a nagy „Casanova" kilépett a csarnok ajtaján, és egyből felém sietett. Látszott az arcán, hogy most vége mindennek. Lebuktam. Megtudta! Elveszítettem...

– Lucas, itt a kulcsod. Befejeztük, nem vagyok kíváncsi semmiféle hazugságra. Tudom, hogy viszonyod volt/van az exeddel.

– Zoé. Ne csináld ezt, beszéljük meg. Gyere, sétáljunk egyet és beszéljük meg.

– Nem akarok veled beszélgetni, nem akarok tőled semmit, hagyj engem békén!

– Zoé, ne légy már ilyen együgyű, beszéljük meg!

– Hagyj engem elmenni.

Beültem a kocsiba és remegtem a dühtől. Elindultam, egy hatalmas kipufogófüstöt hagyva magam után. Teljes letargia, méreg és magány, ami a hazaúton elkísért. Csak potyogtak a könnyeim. Annyira visszamentem volna. De nem tehettem. Volt tartásom. Tanácstalan voltam. Beestem az ajtón, Inez már várt. A nyakába borulva zokogtam, mint egy kisgyerek.

– Ne sírj Zoé, minden rendben lesz. Nem érdemel meg téged.

Nem jött ki szó a számon. Éjjel úgy aludtam el Inez karjában. Tudtam, hogy benne bízhatok. Másnap reggel dagadtra sírt szemekkel ébredtem és nem tudtam, hogyan tovább. Miközben a reggeli kávénkat készítem, erősen elgondolkodom az elmúlt este eseményén. Miért történt meg ez velem? Miért nem lehetek már végre boldog? Miért kell még mindig szenvednem? Végre volt egy kis fény az alagút végén, ami most teljesen kihunyt. Úgy éreztem az együtt töltött időtől, hogy ő lett számomra az új értelem. Miközben üresen néztem magam elé, kissé túlöntöttem a tejet a bögrébe.

– Franc... Még ez is! – Csattantam fel. Gyorsan töröltem a konyhapultról a kávétócsácskákat, csörögni kezdett a telefonom. Lucas édesanyja volt az, akivel igazság szerint nagyon szorosra fonódott a kapcsolatunk és saját lányaként szeretett, mindig számíthattam rá.

– Haló?

– Szia Zoé, édesem, hogy vagy?Julie vagyok.

– Nem vagyok túl rózsásan. Mit is mondhatnék...

– Lucas elmondta, mit művelt, ezért is hívtalak. Nagyon de nagyon sajnálom, mert egy nagyszerű nő vagy és sose kívánhattam volna jobbat a fiam mellé. Szeretem, mert a fiam, de tudom is, ismerem a hibáit. Rengeteget változott melletted, pusztán jó irányba. köszönöm ezt neked.

– Sajnos nem eleget!! Köszönöm, édes anyuka. Ez így alakult, remélem más lányok lelkét

nem fogja így ízekre szedni. Örülök, hogy megismerhettelek, mindig emlékezni fogok rád, és köszönöm a sok szeretetet, amit kaptam tőled.

Zokogtunk: én is és a vonal túlsó oldalán ő is. Sajnáltuk ezt a lehetetlen helyzetet. De hát biztos sokkal jobb az a lány mint én, és valószínűleg még mindig nagyon szerette őt. Nem állhattam közéjük. Nem gátolhattam más boldogságát csak a saját érzéseim miatt. Túl hamar mentem bele. Túl gyors volt minden.

Inezzel a reggeli kávé mellé káros szenvedélyünknek is hódoltunk egy szál cigaretta erejéig és megbeszéltük, hogy most nincs másra szükségem, csak egy jó bulira. Végérvényesen szingli lettem! Lucas folyton üzenetekkel bombázott, de nem akartam már ezzel foglalkozni: néhány nap és minden sokkal jobb lesz. Egyszer elmúlik ez a borzalmas érzés. Tettem a dolgom és éltem az életem. Albérletbe költöztünk Inezzel, arra kellett fókuszálnom. Napközben elmentünk lakást nézni, és találtunk is egy számunka megfelelő kétszobás kis lakást. Annyira boldog voltam, végre elterelődött a figyelmem.

Költözünk!!! Juhú. Este a becuccolás után legurítottunk néhány pohár bort. Gondolni sem akartam arra, hogy mi van a lelkemben, csitítottam, hallgasson: most azt akarom, hogy jó kedvem legyen.

# X. FEJEZET

Napközben Lucas hívott telefonon, erősen elgondolkodtam rajta, hogy fel akarom-e venni a telefont. Hosszas kínlódásom után felvettem.

– Szia Zoé! Nagyon örülök, hogy szóba állsz még velem.
– Szia. Miért hívtál? Nem vagyok kíváncsi semmire, amit mondani akarsz! Hagyj engem
békén.
– Kérlek,hallgass meg. El szeretnék menni hozzád, hogy megbeszéljük ezt az egészet, ennek nem lehet így vége.
– Még el sem kezdődött, Lucas. Keress mást, akit szédíthetsz.
– Zoé. kérlek. Én szeretlek téged. Szerelmes vagyok beléd.
– Hagyjuk már ezt a dumát, aki szereti a másikat, az nem tesz ilyet!!
– Kérlek, hülye voltam, beszéljük meg!
– Rendben. Beszéljük meg. Illetve jobb is, ha jössz: van még néhány holmid nálam. Legalább
elviszed azt is.
– Este érkezem hozzád és mindent megbeszélünk.
– Legyen így.

Letettük a telefont és valahol már bántam, hogy felvettem. Nem akartam vele találkozni és nem akartam hallgatni a szánalmas hazugságait. Estig összepakoltam a cuccait. Egy nagybevásárlás után otthon ténferegve nyitottam egy üveg chardonnay-t, hátha kicsit nyugodtabb leszek. Egy relaxáló arcpakolás, egy forró fürdő és jobban leszek. Mire a végére értem a lelkem kényeztetésének, a mosógép is lejárt. Magamra kaptam a kedvenc laza melegítőmet és nekiálltam a teregetésnek. Egy halk csippanást hallottam a kaputelefonon.

Megjött. Nem apróztam el, hogy érezze: tényleg komolyan gondolom azt, hogy nem akarok már tőle semmit, a cuccait egy szatyorban a bejárattal szembe állítottam. Amikor belép, kedves legyen a fogadtatás. Lassan nyílt az ajtó és belépett, megfagyott a levegő, hiába szólt halkan az egyik kedvenc dalom.

– Szia.

– Szia. Dobd le magad, még kiteregetek, ha nem gond.

– Okés, csináld.

Elég mogorva és hideg hangnemet ütöttem meg. Azt látni kellene, hogy egy férfi ilyenkor milyen ártatlan fejet vág. Szerintem ezt tanítják nekik a suliban, vagy már alapból beléjük van kódolva. Töltöttem magamnak még egy jó nagy pohár bort és kezdődhetett az esti mese.

– Nos, figyelek. Mit szeretnél hozzáfűzni ehhez a teljesen egyértelmű helyzethez?

– Zoé, kérlek, hallgass végig. Igen, tudom, hogy hibáztam, megtettem, de rájöttem, hogy nem volt értelme, mert nem szeretem ezt a lányt; téged szeretlek. Elrontottam, tudom. Nem voltam őszinte, hazudtam! Amikor vele vége lett, azt hittem, enyém a világ, és hogy most minél több lánnyal ismerkednem kell, de rájöttem, hogy nekem rád van szükségem. Hiányzol, Zoé.- Nem értelek, ne haragudj, itt van Mark: egy városban lakunk és eszem ágában nincs hozzá visszamenni kamatyolni. Én tudtam, hogy mit akarok. Többször kérdeztelek, kértelek, hogy mondd el, de te számtalanszor a szemembe hazudtál. Megbocsátom neked azt, amit tettél,de szerintem nincs közös jövőnk, akármennyire is szeretlek. Lucas, nem tudok már bízni benned. Sajnálom. – Kérlek. Adj még egy esélyt, hogy bebizonyítsam: érted képes vagyok megváltozni. – Te elgondolkodtál már azon, hogy neked miért adnék még egy esélyt, ha Marknak sem adtam 6,5 év után? Miért volnál te kivétel?-Mert én jobban szeretlek, mint valaha ő szeretett téged. Zoé, kiteszem a lakáskulcsainkat az asztalra: döntsd el, melyiket veszed el. Én most elmegyek sétálni egyet, hagylak gondolkodni, mire visszaérek, tudni fogom a döntésed. Tiszteletben tartom. Kitette a két kulcscsomót az asztalra és elment. Na Zoé, most légy okos. A szív és az ész diktál. Potyognak a könnyeim. A szívem azt mondja: adj neki még egy esélyt és tedd csak szépen el az ő lakása kulcsait magadnak. Az ész meg persze: hát ne vicceljünk, ha most megcsinálta, máskor is meg fogja: kíméld meg magad ettől a sráctól és a saját lakásod kulcsait süllyeszd a fiókba. Ajjjjj istenkém. Hatalmas dilemma ez most nekem. Amúgy sem vagyok jól odabenn. Hatalmas teher ez most nekem. Szív és az ész. Szív és az ész. Ha elküldöm, a szívem szakad meg, és örökre tűnődhetek azon, mi lett volna ha kap még egy esélyt. Ha lehetőséget adok neki, akkor lehet, hogy eljátssza megint és én még nagyobbat, még mélyebbet fogok sérülni.

Istenem segíts! Mit csináljak? Már több mint egy órája a két kulcscsomó felett ülök, Lucas visszaér az igen hosszú sétából és látja: még döntésképtelen vagyok. Szó nélkül a konyha felé veszi az irányt, én pedig döntöttem. Hallja, hogy az egyik kulcscsomó az asztalról elemelkedik. Úgy döntöttem, a saját kulcscsomómat veszem el az asztalról, és méltó léptekkel indulok meg vele a konyha irányába. Ő már látja, hogy az a kulcs, ami a kezemben van, az bizony a sajátom. Szája lebiggyesztve áll, szemei könnybe lábadtan néznek rám.

– Döntöttem. – Sajnos azt látom! – Úgy döntöttem, hogy talán még egy esély jár neked, vagy nekünk. Ne szúrd el. Szeretlek.

Flegmán odadobom neki a kulcsot, ő teljesen azt hitte, vége. Elkapja a kulcsot, felpattan és megindul felém. Erősen ölel karjával, szinte remeg az egész teste, leverte őt a víz. Erősen öleljük egymást percekig – mostmár minden rendben van. A fülembe súgja, hogy „Nagyon szeretlek". Hosszú perceken át tartó ölelés után a nappalimban ringunk egy nagyon halk szerelmes dalra. Ő megcsókol, én megcsókolom. Azt hiszem, életemben nem volt ennyire érzéki és érzelmekkel teli éjszakám. Szeretem. Efelől már nincs kétségem. Csak remélni tudom, hogy tényleg megváltozik. Hiszek benne, hiszek bennünk. Még fel-felevenedik bennem, amit tett, de nem hagyom, hogy eluralkodjon felettem. Idővel majd elengedem és próbálok benne újra megbízni. Tény, hogy rögtön a rosszra fogok gondolni még jó sokáig, ha késik, vagy nem veszi fel a telefont, vagy éppen nem válaszol az üzeneteimre. Túl kell rajta lépnem. Így lehetünk csak boldogok. De azt megfogadtam, hogy őrlődni soha többet nem fogok. Szerelmesen telik a reggelünk, Inez hazaállít, nem ismerek rá. Annyira bunkó volt a stílusa, hogy az nem igaz. Nem tudtam mire vélni a dolgot, így el is engedtem. Biztos bal lábbal ébredt fel. Lassacskán itt a szülinapom és soha semmi rosszat nem csináltam életem során. Gondolok itt a sok tudatmódosító szerre, amit a fiatalok partidrognak hívnak. Valahogyan ez mindig kimaradt az életemből, de úgy voltam vele: egyszer tutibiztos, hogy kipróbálom.

# XI. FEJEZET

A szülinapomon volt az egyik kedvenc zenekarom nagykoncertje, már fél évvel azelőtt megvettem rá a jegyeket. Már reggel nekiláttunk a készülődésnek, és óvatosan bele-belekortyolgattunk a gin tonikba is. Inez egyszer csak rikácsolt nekem a szobából.

– Zoé, gyere. Ideje, hogy odaadjam a szülinapi ajándékodat.
– Úristen, de izgulok, mi az?!
– Boldog szülinapot, drága barátosném... nagyon imádlak. És ez lesz életed bulija.
– Mi ez?
– Kokain, szívem.

Furcsán néztem az apró kis fóliacsomagra, amit a tenyerem közepébe helyezett. Kibontottam. Fura állagú összeállt fehér por: rettentő erős szaga volt.

Féltem. Teljesen beijedtem. Inez rám nézett és azt mondta:
– Nyugi, nem lesz semmi baj: velem csinálod és én vigyázok rád, jó párszor csináltam már, nem lesz gond, biztos helyről van.

Elvégre a 25. szülinapom volt. Negyed évszázadot vártam ezzel a pillanattal. Épp itt az ideje kipróbálni. Ittam még egy két pohár gin tonikot és már meg is volt a bátorságom hozzá. Inez csak annyit mondott: nem szabad sokat egyszerre.

Nos, ott ültem az asztalnál, előttem egy tükör, rajta ezzel a fura varázsporral és egy papírpénz szorosan feltekerve. Hazudnék, ha azt mondanám, nem dobogott a szívem a torkomban.

Hát nem volt más hátra. Felszippantottam. Hirtelen nem volt semmi változás, aztán egyszerre csak azt éreztem, erősen marja az orrom belül, aztán az egész arcüregemben dolgozik. Megtörtént hát! Inez rám nézett.

– Most várunk, kell egy 2 perc, mire felszívódik.
– Oké. De biztos nem lesz semmi bajom?
– Nyugi. Ne parázz rá.

Sminkeltem magam a fürdőben és egy kis idő múlva azt vettem észre, hogy egy pontra fókuszálok: semerre nem figyelek, csak egyetlen egy pontra. olyan fura, de annyira jó érzés. Egyszerre csak ritmusra lüktetett bennem minden, ahogyan a zene a konyhában szólt, egyre jobb és jobb lett a kedvem, szét tudtam volna hasítani a világot. Erősnek és nagyon energikusnak éreztem magam. Inez nézett és csak nevetett.

– Látom, hatott. Ez a lényeg. Engedd el magad.
– Uhhhh, ez nagyon jó, ne legyen vége.
– Nyugi, ez még csak az első kör volt.Reggelig elleszünk, ne félj.

Az idő csak telt és mi tomboltunk. Életemben nem éreztem ennyire jól magam egy buliban. Számtalan videó és élmény társult ehhez a szülinaphoz, és megfogadtuk Inezzel, hogy sohasem fogjuk hagyni, hogy bárki is közénk álljon. A szövetségünk már-már testvériséggé forrt egybe.

Jöttek a bulik és mi rápörögtünk ezerrel. Sosem voltam ennyire felszabadult. Eltűntek a korlátok, amiket valaha bárki is megszabott nekem. Csak én, Inez és a felejthetetlen bulik forgataga, amik teljes valónkban magába*szippantott* bennünket. De eljött a pont, amikor világossá vált minden, hogy a munkámra kihatással van ez az élet. *Le kell állnom.*

Az elhatározás erős gyökereket vert bennem, és végre kinn volt a négy kerekem. Rájöttem, hogy nekem ez nem kell. Csak elbutít, leépít, megbetegít. Az ördögi körnek most már véget kellett vetnem. Inez nem örült az őszinteségemnek, amikor azt mondtam: többé nem csinálom. De hiszen a legjobb barátnőm, el kellett fogadnia. Jobban fókuszáltam a jövőmre, a munkámra. Kevesebb buli kellett, nincs mese. Inez azt mondta: nem gáz, mégis valami megváltozott benne. És dühített, hogy nem tudtam rájönni, mi az. Már egyre később jött haza. Mintha nem akart volna velem találkozni. Mindegy, legalább időben elaludtam esténként. Lucas jött a hétvégén hozzám, és mondtam Ineznek: örülnék, ha végre bandáznánk egy jót. Ő lehajtott fejjel mondta, hogy nem sok kedve van hozzá.

– Inez, meguntam ezt, mondd el, mi bajod van.
– Ugyan, hagyj már. Semmi bajom sincsen, csak képzelődsz.
– De hát látom, hogy van valami és zavar, hogy nem mondod el, mi az. Beszéljük meg.
– Nincsen semmi, tényleg.

Hát jó. A napok teltek és egyre nehezebb lett rajtam a teher. Sokszor elgondolkoztam azon, hogy volt-e értelme belevágni ebbe az egész szalonba. Annyi, de annyi baj volt: hol a víz jött fel, hol nem volt főtés, hol valaki megrongálta a gázcsapunkat. Förtelem. És a kiadások csak nőttek és nőttek és nőttek. Megoldottam egy problémát jött egy nagyobb, azt is, aztán jött egy még nagyobb. És így tovább és így tovább.
ENNEK SOHA NEM LESZ VÉGE!!!!!! FELADOM!!!! ELÉG VOLT!!! ELFOGYTAM!!!

Borúlátás. A legnehezebb és a legkritikusabb pillanatokban érkezik: olykor, amikor nincs akkora probléma, mint ahogyan azt éppen abban a stádiumban megéljük. Ennek a magyarázata annyi, hogy egyedül vagyunk és az erőnk – mint minden más embernek – fogytán van: hisz senki nincs, akivel osztozhatnánk a terhen. Egyedül vagyunk, egyedül oldjuk meg. Ez az, ami nehéz!

És amikor a legkevésbé sem hiányzik., akkor történik valami, ami tényleg teljes valódban a padlóra küld.

Már nem volt se erőm, sem idegzetem: rengeteg volt a problémám és senki nem tudta ezt orvosolni, csak én magam, de én meg már tényleg úgy éreztem: nagyon, de nagyon kevés vagyok ehhez. Szó nélkül tettem a dolgom nap mint nap. És egy reggel éreztem, hogy ez a nap más mint a többi. Egyrészt mert tudtam, hogy Lucas eljön hozzám és végre egy kicsit feltöltődhetek szeretettel. Munka közben elég kitartóan csengett a telefonom. Rápillantottam. Anya volt az.

– Halló anya?
– Kicsim, gyere haza, a kiskutyád nem eszik, nem iszik.
– Jól van, anya. Ahogy végeztem a munkával, megyek is.
– Puszi.

Egész délelőtt csak a kis szőrpamacsom járt a fejemben. Kora délután anyukám könnyek között lépett be a szalonom ajtaján.

– Zoé, haza kell jönnöd: a kiskutyád nagyon beteg, már fel sem kel.

De hát mi lelhette egyik napról a másikra? Sosem szokott beteg lenni: annyira kis strapabíró, még a méhecskét is megeszi.

– Gyere haza.
– Rendben, anya. Lemondom a vendégeim és megyek.

Útközben felhívtam az állatorvost, tud-e fogadni bennünket. Rohantam haza a kiskutyámért. Én csak arra tudtam gondolni, hogy elcsapta a hasát valamivel. Mindig olyan kis falánk volt. Hazaérve ahogy beléptem az ajtón, velem szemben feküdt a kis ágyikójában Láttam rajta, hogy boldog, ha láthat: hisz most is dobolt a farkával a kispárnáján, de tényleg nem mozdult. Szemei bágyadtak, sosem láttam még őt így. Nagyon rossz érzésem volt.

A doktorhoz útközben az anyósülésen feküdt és én egész úton beszéltem hozzá, simogattam.

*Minden rendben lesz. Zokni, te vagy a világon a legédesebb kiskutya. Nagyon-nagyon szeretlek, kiskutyám.*

A doktor megvizsgálta, ugyanaz volt a gyanúja, mint nekem. Kissé már ki volt száradva szegény, így kapott egy kis infúziót.

Máris jobban csillogtak a kis szemei. A doktor adott neki két injekciót.

– Minden rendben lesz: két nap múlva a kontrollon találkozunk.

Boldogan vittem az autó felé Zoknit, aki láthatóan jobban is érezte magát. Este már étvágya is volt, szépen evett. Megnyugodtam. Anyuékra bíztam a kiskutyám. Készülnöm kellett Lucas érkezésére. Bevásárlás. Szépségápolás. Főzés. Persze mindennel időben meglettem, az esti telefonálás során édesanyám megnyugtatott arról, hogy minden rendben van az én kis csöppségemmel. Akkor azt hittem, egy pohár bor ma nem árthat az idegeknek. Meg volt a mai kellőnél is sokkal több izgalom. Lucas és én amikor megláttuk egymást, már nem bírtunk a vérünkkel, így a vacsi egy picit későbbre csúszott el. Meg amúgy is idő kellett neki: még a sütőben ráolvadt a sajt. De addig is mehet az entyem-pentyem. Boldogan és irtó túlfűtötten tellett az esténk, és egy laza vígjátékra szundikáltunk el.

Már javában éjjel volt, és a telefonom csöngeni kezdett. Lucas rápillantott: mégis ki lehet az hajnali fél kettőkor?

Anya. Anya volt az. Felálltam, hogy magamhoz térjek és felvettem a telefont.

– Igen, anya.
– Zoé. – Mondd.

Zokogott és dadogott.

– Gyere el, kislányom: a kutyuskád elpusztult.
– Tessék.??

Összerogytam, nem láttam semmit, csak sötétséget és anyám hangját.
MEGHALT.
Az nem lehet. Lucas már tudta, hogy baj van. Öltözni kezdett, én köntösben indultam el, és nem fogtam fel, amit a telefonban

hallottam. Nem, ez nem lehet. Néhány órával ezelőtt még minden rendben volt.

Anyámékra törtem az ajtót, apám az ágyon ülve nézett maga elé, anyám csak sírt. És én csak övülteni tudtam:

– HOL VAN???? HOL VAN???

– A fürdőszobában.

Kinyitottam az ajtót és megláttam. Soha nem akartam így látni. Soha. Orrocskájából, a szájából folyt ki a vér. A szemei a végtelenbe néztek, már nem volt közöttünk.

*Drága kiskutyám, drága egyetlen kiskutyám: semmi baj nem lesz.* Magamhoz húztam és erősen átöleltem.

És utolsó sóhaja akkor hagyta el őt.

Vége lett. Nem tudom felfogni, miért történt ez meg. Mindent megtettünk. Jól volt, mi lett vele, nem értem. Magamon kívül voltam teljesen. Ez számomra felfoghatatlan. Nem tudom, ki vagyok és mit csinálok, csak egy zsákba pakolom a cuccait. Minden kis apró játékát, takaróját és a sétáltató hámját. Betettem őt a kiságyába és betakartam, hogy szépen aludhasson mindörökre.

Még aznap éjjel értekeztem a bátyámmal, Zack-kel és a sógornőmmel, Hanna-val, de őket is teljesen megrázta ez az egész. Nem tudtunk egymásnak semmit sem mondani. Arra jutottunk, hogy Zokni a bátyámék által felajánlott nyaralójuk nagy diófájának árnyékában helyezzük a legkisebb családtagot örök nyugalomra. Másnap az autóban gyászos volt a hangulat: senki sem szól, csak küszködött a könnyeivel.

Amikor megláttam őt 10 évvel ezelőtt apukám kabátjának a zsebében, milyen kis apró volt! Kis szőrgombóc. Ő volt az, akiről gondoskodhattam. Számtalan vicces kis történet zajlott akkor le a szemem előtt. Olyan volt számomra, mint egy gyerek, és a család is úgy tekintett rá, mint egy oszlopos családtagra. Mindig jött velünk, mindig vittük, sosem maradt egyedül. Szerettük. Mérhetetlen szeretetet adott és viszonzást sosem várt. Ha beteg voltam, virrasztott; ha sírtam, vigasztalt. Soha többé nem fogja pótolni bennem semmi azt a hatalmas űrt, amit az ő hiánya ejtett most rajtam. A diófa alatt a lelkem egy darabja a föld alá került.

Sajnálom, drága kiskutyám! Szeretlek. Egy biztos: az ember akkor érzi valami vagy valaki értékét, igazán ha már sajnos nincs többé.

# XII. FEJEZET

Telt az idő, de a fájdalom nem múlt. Még mindig az arcomba vágott az a látvány, ha lecsuktam a szemem. Nem igazán aludtam éjjelente: egyre csak azon tűnődtem, mit rontottam el. Mit rontottam el, hogy ezt kaptam? Nem tudtam felfogni. Az érzés, amikor betoppan az ajtón a felismerés, a legelviselhetetlenebb és legigazságtalanabb dolog az egész világon.

Az a hiányérzet és az az űr, ami bennem volt, akkor erőteljesedett ki igazán, amikor beléptem az ajtón és már nem szaladt apró kis mancsokon felém az az önzetlen szeretet, boldogság, odaadás, ami régen akkor, amikor a kilincset lenyomtam és betoppantam az ajtón. Már nem jött, már nem szaladt, már nem örömködött. Csak a gyászos síri csend, ami átitatta a ház minden szegletét, az egykoron még meleg és szeretettel teli otthonom most bús, komor, hideg. De az élet ment tovább, én nem adhattam fel! A lelkemből kiszakított darab még erősebbé tett.

Sokszor úgy érzem, megerősödöm, de félek attól, hogy érzéketlen és lelkileg ki zsigerelt emberré válok, aki egy idő után elfelejt szeretni, nevetni. Ez mind csak rajtam múlik. Hogyan dolgozom fel a velem megtörtént dolgokat, és mennyire hagyom, hogy a világ gondjai teljesen felemésszenek és rossz orcájukra formálódjak. Mennem kell tovább az úton, amelyet magamnak taposok ki, és közben próbálok maximálisan ember maradni!

Most nem tudom takargatni, hogy fáj, pedig muszáj ott sírnom, ahol senki sem lát. Mert a világ! Ez a mocskos világ, teli vigyorral nevet a nyomorodon. Büszkén állok fel a padlóról, ahová ismét az élet száműzött, mert én felálltam és megyek tovább.

Szürkén és szomorúan teltek a napjaim, a kiskutyám játékait mind Ineznek adtam, mert az ő kutyusa biztosan hasznát veszi majd.

– Szörnyű, ami a kutyáddal történt.

– Inez, kérlek. hagyjuk most ezt, nem vagyok jó passzban.

– Ne haragudj, nem akartam felhozni megint, viszont azt látom, hogy nagyon nem vagy jól!

– Mégis hogy volnék jól? Elveszítettem őt, sőt úgy érzem, lassan téged is el foglak. Nem mondasz semmit, folyton kerülsz, nem jössz haza, nem beszélgetünk, sablonossá és felszínessé válik a barátságunk. Nem hiszem el, hogy ezt te nem érzed.

– Nincs semmi bajom, Zoé, egyszerűen rendet kell tennem magamban. Van egy srác, akit nem szeretek és nem akarok tőle semmit, csak szexet. De közben meg hiányzik, ha nem vagyok vele.

– Ki ő? Ki ez a srác?

– Még nem mondhatom el, de el fogom! Nem akarom, hogy bármilyen érzést is tápláljon felém.

– De Inez, nem játszhatsz egy ember érzéseivel! Talányok közé nem sodorhatsz senkit sem. Ha szereted, légy vele, ha nem, akkor meg hagyd.

– Igazad lehet, Zoé.

Irtó rossz volt a napom, és minden a fejemben zakatolt. Lucas távol volt tőlem, Inezzel már alig beszéltünk, mindenki eltűnt körülöttem. Kirekesztve és száműzve éreztem magam ebben a világban. Kilátástalannak éreztem az életem. Elveszett az a kis fénycsóva, ami addig hajtott a céljaim felé. Lelkileg kimerültem. Nem bírtam tovább. Este a bevásárlásnál egy jó üveg whiskyt is a kosárba csúsztattam. Tudom, hogy nem megoldás az ital. De most erre volt szükségem.

Otthon a konyhában ültem és hatalmas volt a csend. Egyre csak az a gondolat erősödött bennem, hogy ez a világ semmire sem jó. Megbontottam a whiskyt, hisz Inez is később jött haza. A letargikus zene elengedhetetlen kelléke lett aznap este az italozásomnak. A konyhában mélázva egy cigarettát gyújtottam, mellé papírt és tollat vettem a kezembe. Ideje volt bátornak lennem. Elveszett a cél a szemem elől. Elmondom hát mit is gondolok:

*Édes élet, te drága élet. Szövetségünk azt hittem, örökké tart majd, de elfáradtam: mértél rám rengeteg csapást, és most te győztél. Több keserűséget kaptam tőled, mint ami egy halandónak kijár. Itt vagyok*

*szeretetlenül, magányosan, kifacsarva. Te győztél, diadalmaskod-*
*hatsz élettelen testem fölött, tovább már nem bírom, nem visz se*
*a lábam, sem a lelkem. Rengeteg mindenkit szerettem, segítettem,*
*felemeltem. De velem ki foglalkozott?? Csak te. Kaptam a megugor-*
*hatatlan feladatokat, mérföldköveket. Elvesztem az úton, és már*
*nem tudom, ki vagyok: a családom, a barátok, semmi sem a régi. Az*
*elmúlás fáj, de az idő begyógyítja a sebeket. Utánam ne sírjatok, azt*
*nem akarom. Szerettelek benneteket, akik engem körülvettek, és már*
*nem bánom semmilyen tettemet. Az élet kemény játék, és esélyből*
*nincs több, csak egy.*

Sosem gondoltam, hogy az emberi létező ennyire egyszerű és
fizikálisan gyenge teremtés. Azt hittem, ez az üveg whisky lesz
az utolsó, amelyet ebben a világban a torkomon lenyomok. Nem
láttam már más kiutat. Vastag bőrszíjam, ami éveken át a ked-
venc nadrágjaim derekát szorították, most már a torkomat szo-
rította, a kilincs, melyet számtalanszor lenyomtam a szobám
ajtaján belépve, hogy majd ott nyugalmat és békét lelek, az a ki-

lincs most örök nyugalomra nyitotta meg azt az ajtót, melyen többé már nem jövök be. Sajnálom, hogy nem volt már erőm. Sajnálom, hogy itt hagyom a világot; sajnálom a fájdalmat, ha okoztam bárkinek is. Éreztem, ahogy az erő kiszalad a kezeimből és lábaimból is. Még éppen lélegeztem, de már nem láttam semmit, éreztem, ahogy a vér lüktetett a fejemben, a fülemben. Már nem hallottam semmit sem. Sötét volt.

Elmúltam.

Ennyi voltam.

Csak egy ember voltam, aki nem bírt a megpróbáltatásokkal.

Gyávaság. Gyengeség. Ez az a két szó, amely jellemzett akkor engem. 25 év után eltűntem erről a földről. Vagy még volna talán lett volna valami teendőm...

Kulcs a zárban, az ajtó nyílott.

– Zoé... Zoé... Zoééé Úristen. Mit tettél magaddal? Ébredj! Gyerünk, térj már magadhoz!

Mély sóhaj és érzem a hideg kezeit az arcomon, a torkom már nem szorította semmi, csak a gombóc, hogy nem sikerült. Inez hazaért és megmentette az életemet. Levágott.

– Miért nem hagytál így!! – üvöltöttem.

– Zoé, gyere, megfürdetlek. Kapsz egy teát és lefekszel pihenni.

– Ne haragudj, ne haragudj. Szeretlek, Inez.

Karjaiban aludtam el, sajnálom, hogy ezt kellett látnia, sajnálom, hogy ezt tettem vele, sajnálom, hogy fájdalmat okoztam neki. Reggel nem tudtam a tükörbe nézni. Nem tudtam felfogni, hogyan jutottam el idáig: én, aki mindig pozitív voltam, én, aki mindig mindent megoldottam. Hálás voltam, hogy aznap reggel láttam kisütni a napot az égen. Másnap mintha sokkal szebb és színesebb lett volna a világ. Bár az előző nap még nem ezen a nézőponton voltam.

– Jól vagy, Zoé?

– Igen. Csak fáj a nyakam.

– Majd elmúlik. Soha többet ne csinálj ilyet, hallod!

– Tudom. Sajnálom. Ne haragudj rám. Kérlek. Nem tudok a szemedbe nézni.

– De miért csináltad ezt? Nem értelek! Komolyan.

– Áh, hosszú ez nagyon. De tudod, először féltem a haláltól, gyáva voltam és csak magamra gondoltam. Most látom, milyen önző voltam. A szörnyű abban, hogy így halok meg, nem az, hogy nem látom azokat többé, akiket szeretek, hanem az, hogy már nem mondhatom el nekik azt, hogy tudják: nem néztem őket levegőnek, hogy nem mondhatom meg: tudok az áldozataikról, amiket értem hoztak meg, melyekkel boldogabbá tették az életem. Tudok mindarról, amit értem tettek, és hogy mennyivel jobban szerettem őket, mint ahogyan azt valaha is mutattam. Ezt soha nem mondtam el senkinek sem.

Bánom, hogy ezt tettem. Talán akkor jött el a pillanat, amikor lezártam egy fejezetet az életemben és tiszta lappal újra kezdtem. Megtanultam a leckéket, amiket kaptam. Mindenért hálásnak kell lenni ebben az életben, még a rossz dolgokért is, és legfőképp azért, ha a rossz dolgok valamiképp formálnak legbelül. Élek és lélegzem: ez a legszebb és legjobb dolog, amit valaha ember kaphat. Egészséges vagyok: ez a kincs, ami sosem veszhet el.

# XIII. FEJEZET

Lezártam a régit és bevágtam az újba. Minden ember közeledését boldogan vettem, de a 10 lépés távolság még bennem volt. Felvett egy ritmust az életem. Foglalkoztam magammal. Újra sportoltam, jóízűen ettem és rengeteget olvastam, elkezdtem újra rajzolni is. És már nem fájt a gondolat, hogy Inez valamit nagyon titkolt előlem. Már elengedtem. Csak magammal és a jövőmmel foglalatoskodtam. A párkapcsolatomra fókuszáltam. Csak a pozitív dolgokra gondoltam és azokkal vettem magam körül. A családom végre visszakapta a régi Zoét. Más már nem számított. Spórolgattam. Lassan karácsony lett. Már megvolt a fejemben a gondolat, hogy kinek mit veszek a fa alá. Hallgattam a megérzéseimre. Munkával teltek a napjaim. Főleg hogy egy jótékonysági estet is tartotam a szalonban a rászoruló gyerekeknek. Meghívtam a vendégeim, hogy jótékonykodhassunk együtt ezen a szép ünnepen. Áradt belőlem a szeretet és a tenni akarás. Lucassal minden szuper volt és imádtuk egymást.

DE!!! Inez még mindig nagyon fura volt nekem. Lucas javaslatára leültettem, hogy beszéljük meg, mégis mi lehet a gond. Este hazaértem és csodával határos módon Inez már otthon volt.

– Hellóka. Tudunk beszélni?

– Szia, persze. Jó sokáig dolgoztál ma.

– Igen. Hála az égnek sokan vannak.

– Figyelj Inez. Tudod jól, hogy bármi is van, én itt vagyok neked. Úgy szeretlek, mintha a testvérem volnál. Ezt ugye tudod? Inez sírni kezdett. Megöleltem.

– Mondd el, mi a bánt.

– Áh, nem vagyok jól, Zoé. Nagyon nem. Tudod ez a srác. Istenem, én nem akarom, hogy többet akarjon ennél, mint ami van. De mégis. hozzá húz a szívem. De nem akarok kapcsolatot.

– Jaj ne mondd már, ez nem egy tragédia. Nyugodj meg. Ne sírj.

– Mondanom kell valamit, Zoé.

– Mondd.

– Hazaköltözök anyámhoz, vissza kell találnom önmagamhoz.

– Tessék??? De hát eddig imádtál itt lakni, mi történt? Nem értelek.

– Értsd meg kérlek, haza kell menjek anyámhoz. Remélem, a barátságunk nem sérül.

– Hát figyelj, én nem tartom jó ötletnek. Rengeteg sérültél anyád mellett, ezt te is jól tudod. Az élet pedig arról szól, hogy a saját lábunkon meg kell tanulnunk megállni. Nem csinálhatod ezt életed végéig, hogy amikor jön egy kis lavina, te hazaszaladsz.

– Jó, Zoé, én nem tehetek arról, hogy te nem akarsz hazaköltözni.

– Itt nem erről van szó, én megpróbálok egyedül megmaradni, mert erről szól az élet: tudom, volt egy mélypont az életemben: ezt soha nem is fogom elfelejteni. De tudod, a padlóról fel kell állni és büszkén menni tovább, én ezt megtettem. Te sem adhatod fel csak így.

– Ne haragudj Zoé. Százszor végiggondoltam már. Hazaköltözök anyámhoz.

Két nappal később Inez úgy tűnt el, mintha soha nem is lakott volna ott. Számomra felfoghatatlan volt az egész helyzet. Mi az az ok, amitől oly hirtelen megváltozott benne minden. De mindegy, Ő döntött így és én a barátnője voltam, így tiszteletben is tartottam azt. Furcsa volt úgy hazaérni, hogy már nem lakik ott. Sosem éltem egyedül. A magány iszonyatosan fel tudja emészteni az embert. Már nem találtam a helyem. Lucas tudta, hogy engem ez az egész helyzet nagyon megviselt. Így sokkal gyakrabban is keresett telefonon. Távol volt tőlem, de mégis annyira közel. A szívem megnyugodott, ha hangját hallottam a telefonban.

Az elkövetkezendő két-három hét tényleg nagyon furcsa volt. Hogy nem volt otthon senki, amikor hazaérek. Viszont egy kis idő után nagyon élveztem az egyedüllétet. Az volt az a pont, amikor rájöttem: ez kell. Kell az, hogy megismerd saját magad. Soha enynyi időt nem tudtam magamra szánni. Eljött a pont az életemben, amikor az anyagi gondjaim ellenére is kiegyensúlyozottá váltam. Szuperül teltek a mindennapjaim. És már nem fájt Inez hiánya. Voltak napok, amikor kerestem őt, hívtam őt: ha van kedve, jöjjön át hozzám, főztem finom vacsit. De valahogy ő már egyre inkább mellőzött. Eljutottunk a pontra, amikor már egyáltalán nem is keresett. Ez fájt. De végtére is úgy voltam vele, hogy nem futok már olyan busz után, ami nem vesz fel. Mert annak idején, amikor a szalonomat megvettem, Inez már akkor mondta, hogy az álma az, hogy masszőr lehessen. A sulit elvégezte, én pedig a szalonban egy saját kis kuckót készítettem neki, ahol nyugodtan a saját maga ura lehetett. Mindent megadtam neki a sikerhez. Még bérleti díjat sem kértem tőle. Boldog volt és mondta is, hogy soha senki nem vette őt ennyire emberszámba, és hogy nagyon hálás ezért. De érdekes módon a kiköltözését követően már ott is került engem. És én tényleg nem tudtam az okát. Úgy gondoltam, írok neki Messengeren, hátha arra válaszol nekem:

*„Halihó Inez, kérdezhetek valamit?! Nem hagy nyugodni a gondolat. Te azért kerülsz engem ennyire, amit tettem? Vagy mi a baj? Kérlek, válaszolj, mert én már semmit nem értek!!"*

Természetesen választ nem kaptam. De nem hagyott nyugodni a dolog, így elmentem az étterembe hozzá, ami számomra igazán kellemetlen volt, mivel ott volt Mark. De mindegy is.

Kihívtam, hogy beszélni szeretnék vele.

– Inez, mondd már, hogy mi a baj?

Rám sem nézett, mintha egy idegen volnék neki.

– Ne haragudj, Zoé, de nekem ez nem megy.
– Jó, tudod mit, Inez?! Nekem akkor is a testvérem maradsz, én szeretlek.
– Nekem ez nem megy, Zoé, kérlek tényleg ne haragudj. Jó?

ÁHH. Csattantam fel... Minek is jöttem én ide, nem is értem magam, komolyan mondom. Felesleges erőfeszítés volt megint az egész. A lényeg az, hogy egy újabb hét telt el és Lucas jött hozzám. Végre valaki, aki táplált az érzéseivel és nem elvett belőlem. Most már nagyon haragudtam Inezre. Szerintem ő maga sem tudta, hogy mit miért csinált. Vagy nem tudom. Nyugis az este és romantikus a hétvége, mi kell még. Gyorsan telt a hétvége és Lucasnak már mennie is kellett. Megint jöttek a szürke hétköznapok. Borongós idő volt aznap reggel, de a közös reggeli kávézás bearanyozta a napom.

Búcsúcsók és ölelés. Mindenki ment a dolgára. Ez volt az utolsó hét és végre karácsony lett. Már nagyon meghitt volt a városban a sok-sok gyönyörű fény. Az év legszebb ünnepe közelgett. Még egy hét munka és sok sok együtt töltött nap következett a családdal és Lucassal. Boldog voltam, hogy ismerhettem és hálás voltam, hogy egymás útjába kerültünk. Sosem gondoltam, hogy ilyen egy jó kapcsolat.

Amikor az ember nem tudja igazán, hogy milyen is valójában az igazi jó, arra nem is vágyik igazán. Én már tudom, hogy annak idején egy jó döntést hoztam meg. Az élet nagy rendező és mindig mindennek oka van. Lehet, hogy olykor nehéz, és lehet, hogy olykor pokolian nehéz. De ettől válunk igazán életrevalóvá. Élveztem a munkám, nyugodt volt a lelkem, és Lucasnak köszönhetően kezdtem elfogadni magam.

A hét, mint egy homokóra, a lehető leglassabb módon pergett. De nap nap után közeledtem a pillanathoz, hogy végre találkozzunk Lucassal. Úton voltam és csak az járt a fejemben,mennyire jó lesz hozzábújni, mennyire jó lesz otthagyni a várost, ezt a mérgező közeget, és a problémáimat elfelejteni néhány napra. A karácsony békésen telt és végre nyugodtabbnak éreztem magam. Inez nem keresett, de már nem is bántam.

Lucas ajándéka egy közös pihenés volt egy gyönyörű hotelben a szüleivel. Boldog voltam, hisz nagyon-nagyon régen voltam pihenni. Gyönyörű volt a város és végre a szüleivel is szorosabbra fonódott a kapcsolatom. Délután valamiféle szúró érzést éreztem a derekamban, de úgy hittem, csak az utóbbi napok leterhelése lehet, nem fordítottam rá nagy figyelmet, nem hagytam, hogy elrontsa azt a csodás hétvégét bármi is. Estefelé viszont az a fájdalom már a hasamba is átnyílalt és egyre csak erősebbé vált. Este a közös kártyaparti után összebújva szenderegtünk el, hisz másnap városnézésre mentünk, kellett az energia. Éjjel a fájdalom már aludni sem hagyott. Hát mi a franc volt ez? Egyszerre csak egy nagyon erős fájdalom töltött el, levert a víz, de közben reszkettem és fáztam. Óvatosan keltem ki az ágyból, Lucast nem akartam felébreszteni. FÁJT. Minden egyes lépés újabb és újabb fájdalomforrássá vált. Nem hittem el: mi lehetett ez, egyszerre levegőért kapkodtam és közben irtó erős hányinger kerülgetett. Azt hittem, kidobom a taccsot. A fürdőszobába kiérve megmostam az arcom. Óvatos léptekkel indultam vissza az ágy felé. SZZZ... SZZZ... SZZZZ. szisszentem fel minden egyes apró kis lépésnél. Bedőltem Lucas mellé, de már feküdni sem volt jó, sehogy sem volt jó, rápillantottam az órára: hajnali kettő volt. Vergődtem. Iszonyúan elviselhetetlen volt a fájdalom. Lucas felült az ágyban.

– Zoé, mi a baj? Fáj valami??

– Nem tudom, Lucas, nem bírok mozogni. Nagyon fáj a derekam, a hasam, mindenem.

– Várj! Felhívom aput... *Haló, add ide kérlek a kocsikulcsot. Zoé nincs jól, be kell vigyem az ügyeletre.*

Lucas édesapaja úgy döntött, velünk jön. Gyors öltözködés, de nekem már az sem ment. Lucas segített felvenni a zoknit, nadrágot, cipőt és a felsőmet. Már nem bírtam menni sem. Húztam a lábam, a fájdalom ekkorra már elviselhetetlen volt. Lucas édesapja iszonyatosan meg volt ijedve.

– Édes istenem, te lány !! Mi van veled? Ennyire fáj?

Lucas betett engem az autóba, és már úton is voltunk a kórház sürgősségi részlegére. Hosszas várakozás után bevittek végre a rendelőbe. Az orvos szerint csak egy rossz mozdulat lehetett, vagy ideggyulladás. Egy izomlazító injekció segített az ellazulásban. A kórházból kifele jövet már tudtam járni és sokkal könnyebb volt a mozgás. Szuper. Valóban csak ennyi volt a gond? Korán reggel értünk vissza, már hajnali fél öt volt, a hotel bárjában megittuk a reggeli kávét. De Lucas és én vissza is feküdtünk pihenni. Nem sokat aludtam az éjjel, rám fért még egy kis pihenés. Délelőtt egész jól éreztem magam, bár nem voltam az igazi, mert éreztem azt a nyilalló lüktetést még mindig. A városnézés során egy pálinka-manufaktúrában kóstolgattuk a mennyei gyümölcspárlatokat Lucas édesanyjával. A kóstolás után már jóformán örültem, ha egyenesen tudtam járni. Azt hiszem, kissé megütötte a fejemet az ital. Egy gyönyörű várba és egy régi bazilikába is ellátogattunk. Visszaérve a hotelbe kellőképp átfagytunk, így felmelegítettük magunkat a hotel wellnessmedencéiben. Kibeszéltük a nap fáradalmait. És nevettünk azon is, hogy ez nem is én lennék. Végre pihenni jövök és akkor sem vagyok az igazi. Az este folyamán egy újabb kártyaparti vette kezdetét, hogy meglegyen a visszavágó. Jókedvűen kacagtunk, beszélgettünk, játszottunk és közben a tv-ben a „Reszkessetek betörők" klasszikus vígjátékot adták. Megy a viccelődés. Nagyon jól érzem magam. Nyugodt voltam, hátradőltem a fotelban, amíg Lucas édesanyja megkeverte a paklit. Könnyeden keresztbe tettem a lábam. Bár ne tettem volna. Megint a fájdalom. A semmiből. De mozdulni sem bírtam. Lucas anyukája rámnézett.

– Zoé, minden rendben van?? Iszonyatosan lesápadtál!
– Nem. Nem. Most nagyon fáj, nagyon-nagyon fáj.
– Szaladj ki a mosdóba, kicsit mosd meg az arcod.
– Rendben.

Megint fájt minden lépés. Eljutottam a mosdóig. Letoltam a nadrágom és ráültem a wc-re. URAMISTEN. Szétrobbant a vesém. Komolyan mondom. Egyszerre csak láttam, hogy vér kezd szivárogni belőlem, és valami nagyot koppan a wc csészéjében. Egy kavics volt. Levert a víz és csupa libabőr lettem. Megijedtem nagyon. Lucas édesanyjának elmondtam. Vesekövem volt. December 29-e van és én túl vagyok egy vesekövön. De legalább kijött. Egy ottani orvostól kaptam erős gyógyszereket, amelyeket be kellett szednem. Hát nem kívánom ezt a fájdalmat senkinek sem. Valószínűsítem, rátett néhány lapáttal az elmúlt időszak sok stresszhelyzete is. De túl voltam ezen is. Megtapasztaltam ezt is. Egy új év következett, új lehetőségekkel. Idén más lett a fogadalmam, mint valaha is volt. Megfogadtam szilveszter éjjelén, hogy soha többet nem hagyom, hogy mások saját igényük szerint formáljanak. Kitartó leszek. És megmaradok annak az embernek, aki mindig is voltam.

B.Ú.É.K.!!!

Lucassal egymás karjában egy finom csókkal köszöntöttük az újévet és boldogan elengedtük az óévet. Új év, új lehetőségek. Csak előre, és soha nem nézünk hátra: aki a múlté, az maradjon is ott örökre. Bár az élet nagyon nagy rendező. Hogy miért mondom ezt? Tények, amelyeken nem tudunk változtatni, de igazság szerint ezen éppen nem is akarok. Kérdések, amik bennem vannak, kételyek, amelyekről nem tudtam, mit gondoljak. Kínos ezt megtudni, de inkább úgy mondanám, hogy láttamozni. Nos...

# XIV. FEJEZET

Az új év második napján már hazafelé tartok. A kis városkámba érve elhaladtam az utca mellett, ahol Markkal laktunk. Akarva és akaratlanul is arrafelé pillantok, hisz csak ott éltem hosszú éveken át. A szememnek nem hittem. Inez autója állt a bejárójukon. Mint akit leforráztak! Meglepődtem hirtelen és ürességet éreztem. Felment bennem a pumpa, hát ez volt akkor az oka annak, amiért Inez elköltözött a közös albérletünkből. Hát Mark volt az a srác, akiről Inez oly sokat regélt. Még hogy rendbe akarja tenni magát legbelül! Micsoda ócska egy szöveg. Vastag a bőr a képén és gerinctelen is. Az asztalomhoz ültettem, úgy szerettem, mintha a testvérem lett volna, családomba fogadtam és ez a hála. A volt vőlegényemmel szőrte össze a levet? Ez most komoly? Fúj. Undorító. Le kellett nyugodnom, amíg a szalonba nem értem. A csajok már dolgoztak és én még kiléptem a teraszra egy szál cigarettára. Anastazia, a kozmetikusunk is csatlakozott.

– Hé, Zoé, valamit tudnod kell.
– Igen?
– Figyelj, nem akarom, hogy elmondd azt, hogy tőlem tudod, de én teljesen ledöbbentem.
– Mondd már!!
– Figyelj. Már mindenki tudja. Nyilvános és felvállalták.
– De mit, Anastazia? Kikről beszélsz?
– Mark és Inez. Együtt vannak. Már október óta viszonyuk van.
– Jah ... Óó. hát én ezt tudom jól.

Anastazia arcán némi ledöbbentséget véltem felfedezni. Mint aki valami nagy kibor ulásra várt volna!! Nem-nem, ezt az örömöt nem kapja meg tőlem senki sem.

– De Zoé, hogy tudod ezt ilyen higgadtan kezelni? Hisz barátnők voltatok, ez gusztustalan!!

– Figyelj. Ezek az emberek a múltam részei. És én nem kívánom a múltbéli dolgaimat a jövőm felé cipelni. Én ezt a terhet már rég letettem. Érted?!

– Jesszusom, Zoé!!! Én nem bírnám ezt így kezelni.

– Ne foglalkozz ezzel, Anastazia! Nem vagyunk egyformák és ez így van jól, inkább a saját dolgával törődjön mindenki. Ha az energiámat abba fektetném, hogy nézzem, ki mikor hol van és hogy kivel, akkor nem tartanék sehol. Ezt javaslom neked is.

– Igazad van! Én felnézek rád!

– Jó munkát, Anastazia.

– Neked is! És ne haragudj, hogy felhoztam.

– Semmi. Ne viccelj.

Nem a francokat nem. Jóhogy érdekel. De csak egy kérdésem lenne: milyen ember az ilyen? Markról eddig is megvolt a véleményem. De hogy Inez annyira nem tisztelt meg, hogy ezt tőle tudjam meg és ne mástól. Hát megérdemlik egymást.

Inez. Hát igen. Időmet, energiámat, szeretetemet adtam neki, cserébe a késért, amit a hátamba szúrt. Kígyót melengettem a keblemen.

És még én tartottam magamat jó emberismerőnek. Hát bőven van még hova fejlődnöm. Otthon a lakásban zokogtam. Valahogy mégis le kellett ezt zárnom magamban. El kellett engednem. Hatalmas csalódás volt, de azt nem hagytam, hogy az életemre hatással legyen. Tanultam ebből is. Nem minden az, aminek látszik. Egy barátság: igaz barátság volt ez a részemről, de belátom, én vagyok a hibás. Mégpedig azért, mert túlértékeltem. Többet ezt a hibát nem követem el. Hatalmas tanulság volt ez most nekem. Lelkemet erősen megráncibálta ez a tény, de ezen is simán túllendülök majd. Idő. Semmi más.

Lucas teljesen ledöbbent, amikor elmeséltem neki a dolgot. Sajnált engem, de nem kellett. Mindennek megvan az oka és a miértje. Rájöttem arra: nem az számít, mit mondanak neked hanem az, hogy mit tesznek meg érted. Rengeteg sérelem és fájdalom ért.

Egy dolog miatt bosszankodtam. Azt reméltem, ebben az évben már nem kell gyötrődnöm semmin. De mégis itt van a tudat: az, hogy hazugság volt az egész. Az, hogy ember ember ellen mire képes. Soha nem gondoltam volna, hogy ez az oka annak, hogy Inez elfordul tőlem. Az a lány, akinek mindig ott voltam és támogattam. Amikor hazajött, munkahelyet szereztem neki, fejlődött mellettem, lehetőséget adtam neki egy sokkal jobb életre. Mondhatnám azt is, hogy összehoztam őket. Nevetek. Szellemileg gyenge lelkek. Ebből látszik az, hogy mikor veszed észre, hogy tényleg felnőttél. Végérvényesen is érett vagy. Néhány napig még őrlődtem a dolgon, de mára már nem zavar. A legutóbb egy kedves ismerősömmel kávéztunk az egyik presszó teraszán és kézen fogva sétáltak el arra. Elmosolyodtam, kedvesen köszöntem oda nekik. Láttam rajtuk, hogy zavarja őket a gondolat, hogy engem már ez sem dühít. Miért kellene?

Van mellettem egy férfi, aki igazán szeret és viszont szeretem őt, sikerült az életem minden szegletéből a hamis embereket kitagadni. A családommal újra egy hullámhosszon vagyunk és egyre jobb a kapcsolatunk. Mégis miért kellene nekem boszszankodnom? Az az ember, aki mások kárán örvendezik, az gyermeteg és rosszmájú. Jele annak, hogy az életében valami nincs rendben. Azt hiszem, példával jártam el, hogy emelt fővel viseltem azt a fajta „kudarcot", hogy ez a két ember, akik valaha életem szerves részei voltak, mára már eltűntek. Ezért mondom azt: ha ők nem lettek volna, sose jöttem volna rá arra, kik azok, akik igazán szeretnek engem. Sose jöttem volna rá, hogy milyen az önzetlen, tiszta, értékes szeretet. Nem felejtem el soha. Ez a szükséges rossz volt. Tanulni kellett valamit. Megtanultam a leckét. Érzem, hogy minden egyre jobbá válik körülöttem. És felcsillant a fény, hogy a kellő kitartás tényleg gyümölcsözik.

Sok-sok hónap telt el és Lucassal nagyon jól megértjük egymást, igaz: távolság van köztünk, de mégis olyan jó minden. Rengeteget gondolkodom, hogyan is lehetne tovább. Itt valakinek vitorlát kell majd bontani a kettőnk jövője érdekében. Van, aki azt mondja: *és ha hiábavaló lesz?*

Nem!! Minden tökéletes lesz, tudom és érzem. Ha az ember mindenhez úgy állna hozzá, hogy csak a negatívumokat látná, akkor nem lennének boldog párkapcsolatok és nem lennének sikeres emberek. A győzelemért mindig áldozatot kell hozni. Én hiszem azt, ha az ember őszinte és elég kitartó, akkor bármi sikerülhet. Furán érzem magam, és a szívem egyszerre gyorsabban ver. Csengetnek. Ki lehet az? Lucas!!!!!

– Szia, te drága szerelmem, hát hogy-hogy itt vagy?
– Gondoltam, megleplek és szükséged van most rám.
– Szeretlek.
– Én is téged, Lucas. Nagyon!!!

Éreztem.

Ha valaha az ember lelkileg tud kapcsolódni valakihez úgy igazán, akkor velem ez megtörtént. El sem hiszem, hogy itt van velem. Reggel kómásan caflatok ki a konyhába, hogy bekapcsoljam az éltető nedűt legyártó kis gépezetet. A reggeli kávéillat mellé társulnak a finom apró kis csókocskák. Visszabújok még Lucas mellé az ágyba. Szorosan magához ölel.

– Zoé, szeretnél minden reggel így ébredni?
– Igen. Minden vágyam.
– Mit szólsz, ha azt kérdezném tőled, hogy összeköltözöl-e velem?
– Hogy... hogy... hogy... tessék?

Nem térek magamhoz. Mégis. Jesszus pepi. Összeköltözni??? Hát igen is, meg nem is!!

– De miért, Zoé??
– Mi lesz a munkámmal?
– Majd hazajársz!

Ezt még át kell gondolnom, Lucas. Elmélyedve készítem a kávét a konyhában, és nem tudom hova tenni a kérdést. Vitorlát kéne bontani! Hisz semmi sincs már ebben a városban, ami visszatartana. Igaza van Lucasnak? Menjek vagy maradjak? Istenem, ez a dilemma. Mitévő legyek? A szívem mondja, hogy menjek, az eszem azt diktálja, ne szúrjam el és maradjak biztonságos talajon. De hát a női voltom és az impulzusaim nem hagynak engem nyugodni. Mégis mit válaszoljak neki ...

Kezemben a két bögrével megindulok a szoba felé. Remeg a bokám. Ránézek és ő mélyen a szemembe néz.

– Lucas, veled megyek...

VÉGE

# JÓ TANÁCS!

Ne légy elfogult, és ne hessegesd el soha a benned megbújó megérzéseket. Mindig igazak. Legfőképp ne hagyd, hogy mások igényeik szerint formálhassanak; ne hagyd, hogy az általad megcélzott útról bárki is letérítsen.

Ne tedd félre az álmaid, a vágyaid pusztán azért, hogy másoknak kedvezz ezzel.

Mindig legyen benned erő és egy utolsó utáni kis csepp akarat az újrakezdésre.

Arra, hogy értékesebb vagy, mint bárki más.

Soha ne érdekeljen, hogy másoknak mi is az igazi véleményük rólad, vagy arról, mit csinálsz. Légy a magad ura!

Soha ne törődj bele semmibe, ne rökönyödj meg!

Csináld!!

Irányítsd a saját életed!

Higgy!

Bízz!

Remélj!

Tudd! A saját életed a *saját döntésed!*


Közhelyesen hangzik, de azt hiszik, az élet leányálom. Ne hitegessük egymást. Gondolkodtál már azon, mi lett volna, ha valamit másképp csinálsz? Én megtettem az utolsó pillanatban az utolsó egérutam. Kíváncsivá tesz a gondolat, hogy miként formálnak minket az élet dolgai – jók és rosszak egyaránt egy csodálatos ékkővé, mire révbe érsz. Hinni magadban. Az álmaidban. Nem lehetsz tehetetlen! A régmúltban keseregsz vagy a jövődben élsz?! Eljutni az életeden arra a pontra, amikor készen állsz – sok idő és rengeteg döntés!!! Igaznak hitt barátok, eltaszított igaz szerelmek. Zárkózottság. Magány. Kebleden melengetett viperák. Jó és rossz döntések sorozata. Ismerd meg a kendőzetlen valóságom, és ihlessen téged is a sok megpróbáltatás melyekből fel kell állni és menni kell tovább. Meríts erőt a történetemből, mely tudod: igazából a tiéd is lehetne.

# A szerző

Bujtor Dorina 1994-ben született Szarvason.
Elsőkötetes szerző: fontosnak tartja, hogy a
keserűn megélt életét papírra vesse, ez segít
számára a kellemetlen élmények feldolgozásában,
elengedésében. Célja, hogy szakmai és magánéleti
tapasztalatait továbbadhassa és saját tévedésein
keresztül mutassa meg olvasóinak, hogyan lehet
mások hibáiból is tanulni.
Bevallása szerint volt kislánykorában egy
életszínvonalbeli elképzelése, és ezt meg is akarja
teremteni magának. Fiatal még – 26 éves – de mégis
célja álmai megvalósítása; ha elmúlásra kerülne a sor,
nyomot szeretne hagyni a világban.

**novum 📖 KIADÓ A SZERZŐKÉRT**

# A kiadó

*„* *Aki feladja,*
*hogy jobbá váljon,*
*feladta,*
*hogy jobb legyen!*

E mottó alapján a novum publishing kiadó célja
az új kéziratok felkutatása, megjelentetése,
és szerzőik hosszútávú segítése. Az 1997-ben
alapított, többszörösen kitüntetett kiadó az egyik
legjelentősebb, újdonsült szerzőkre specializálódott
kiadónak számít többek között Ausztriában,
Németországban és Svájcban.

**Valamennyi új kézirat rövid időn belül egy**
**ingyenes, kötelezettségek nélküli kiadói**
**véleményezésen esik át.**

További információkat a kiadóról és
a könyvekről az alábbi oldalon talál:

www.novumpublishing.hu